INGLÊS AMERICANO
X
INGLÊS BRITÂNICO

Martha Steinberg

INGLÊS AMERICANO X INGLÊS BRITÂNICO

palavras diferentes para o mesmo sentido
sentidos diferentes para a mesma palavra

DISAL EDITORA

Edição de texto
Paulo Nascimento Verano

Capa e projeto gráfico
Paula Astiz

Editoração eletrônica
Melissa Yukie Kawaoku / Paula Astiz Design

Dados Internacionais de Catalogação na Publicação (CIP)
(Câmara Brasileira do Livro, SP, Brasil)

Steinberg, Martha
Inglês americano X inglês britânico : palavras diferentes para o mesmo sentido, sentidos diferentes para a mesma palavra / Martha Steinberg. — 1. ed. — São Paulo : Disal, 2003.

ISBN 85-89533-07-7
Bibliografia.

1. Inglês – Estados Unidos 2. Inglês – Glossários, vocabulários etc. 3. Inglês – Grã-Bretanha 4. Lingüística contrastiva 5. Português – Glossários, vocabulários etc. I. Título.

03-6320 CDD–423.69
–469.32

Índices para catálogo sistemático:

1. Inglês : Glossários contrastivos : Português 423.69
2. Português : Glossários contrastivos : Inglês 469.32

DISAL EDITORA

Rua Major Sertório, 771, cj. 1, Vila Buarque
01222-001, São Paulo, SP
Tel./Fax: (11) 3237-0070

Visite nosso site: www.disaleditora.com.br

PREFÁCIO

A língua inglesa, como todas as outras, tem variantes regionais e sociais dentro de sua esfera de uso. Tais variantes acontecem dentro de uma país, de um estado, de uma cidade, de um grupo de pessoas. As variantes ocorrem no sistema sonoro, isto é, na pronúncia, que é o traço que usualmente destaca uma variante de outra. Ocorrem também no léxico, e em alguns casos na sintaxe. As expressões idiomáticas são também marca de algumas variantes.

No caso do léxico, as variantes podem empregar uma palavra diferente para o mesmo referido ou, ainda, a mesma palavra pode adquirir sentidos diferentes em diferentes variantes. No caso da língua inglesa, falada por um enorme contingente de pessoas, as variantes são também muitas. Contudo, as mais importantes, das quais derivam todas as outras, são o inglês britânico e o americano. Tanto no Reino Unido quanto nos Estados Unidos existem variantes regionais e sociais. Contudo, em ambos os casos prevalece uma *koiné*, que é um código oficial, isto é, a língua socialmente mais aceita e tida como modelo.

Expressar-se corretamente é exigência dos órgãos de comunicação pública, jornais, revistas, rádio, televisão. A *koiné* é entendida por todos. No caso das diferenças entre o inglês britânico e o americano, o que o aprendiz do idioma não deve fazer é misturar as duas variantes. Seria como se estivesse misturando o português de Portugal com o do Brasil. É a mesma língua, mas há diferenças, também de pronúncia, de léxico, de fraseado.

A língua inglesa, tal como falada na época em que foi transportada para o Novo Mundo pelos peregrinos do Mayflower em 1620, sofreu alterações que lhe conferiram aspectos diferentes nos dois lados do oceano. No Novo Mundo, no decorrer da História, as diferenças se manifestaram na retenção de alguns significados que caíram de uso na língua mãe. É o caso, por exemplo, da retenção de *Fall* com o significado de outono, que no Reino Unido passou a ser *Autumn*. Na pronúncia, a retenção da vogal / æ /, que depois na pátria-mãe passou a / *a* / em muitas palavras quando a referida vogal é seguida de "s", "ns", "f", "th". A retenção do "r" diante de consoante é outra característica. A ortografia também tem regras diferentes nas duas vertentes. Noutras vezes, houve uma especialização de significado, como *bug*, que se refere, nos Estados Unidos, a inseto em geral, ao passo que na pátria-mãe o significado se especializou para percevejo.

Os exemplos são muitos e diversos. O inglês do Novo Mundo passou por um grande processo de enriquecimento lexical. Este é o aspecto inovador do inglês americano. Os peregrinos, ao aportarem no Novo Mundo, entraram em contato com os povos indígenas, dos quais tomaram emprestados termos referentes especialmente à flora e fauna, diversa da existente no Velho Mundo. Outros povos vieram, dentre eles em maior número os franceses, alemães, holandeses e espanhóis, e, com eles, novos termos foram incorporados ao léxico. E a língua inglesa falada deste lado do oceano foi ficando diferente não apenas no léxico, mas também na pronúncia, que se assemelha hoje à da época de Shakespeare, conhecida como era Elizabetana. É o chamado aspecto arcaizante do inglês americano, resultado dos nada ágeis meios de comunicação da época da colonização.

Situações típicas da vida americana, novos inventos, a estrada de ferro, o automóvel, o telefone, o mundo acadêmico, geraram termos diferentes nas duas variantes. Há autores, como Bill Bryson, que afirmam que há cerca de 4 mil palavras da língua inglesa com sentido diferente na Inglaterra e nos Estados Unidos. Ocorre também muitas vezes que dois ou mais termos são comuns às duas variantes, mas sempre há uma questão de preferência de uso de uma forma em detrimento de outra. É a chamada *usage*, ou seja, uso.

O inglês britânico, naturalmente, não ficou estático. Além de a pronúncia ter evoluído, também recebeu empréstimos de outras línguas, especialmente do francês. Atualmente, recebe muita influência do inglês americano, por intermédio da televisão, da mídia em geral e, especialmente, do cinema.

Neste *Glossário*, elencamos palavras americanas que têm um correspondente diferente em inglês britânico e o inverso. A seguir, os verbetes são em português, indicando as correspondências em inglês americano e inglês britânico. Palavras que divergem quanto à semântica estão incluídas num capítulo final. A denominação "britânico" obedeceu ao uso consagrado referente ao inglês falado na Inglaterra. Não incluímos possíveis variantes irlandesas, escocesas, galesas.

As correspondências são de uso. A coleta de dados foi feita no decorrer do tempo, bastante longo, com exemplos tirados de leituras de clássicos, de *best-sellers*, de jornais, revistas, catálogos telefônicos e outros, observações *in loco* durante viagens, cinema, consultas a falantes nativos.

Assim é que sou devedora de muitos agradecimentos a tantas pessoas que não poderia citar todas, até mesmo porque muitas são anônimas. Não posso deixar de registrar aqui o meu muito obrigada ao Professor Doutor Sidney Camargo, que participou ativamente da coleta de dados e digitação, no início da pesquisa, à Professora Sherry McLelland, que foi informante nativa e contribuiu com verbetes, *in memoriam* ao Doutor George Little, incansável informante nativo, à Professora Doutora Clea Rameh, que colocou seus alunos americanos em Georgetown University à minha disposição, à Professora Angela Levy, que me deu acesso aos glossários da Associação Alumni, e a Paulo Verano, pelas sugestões, revisão, paciência.

Meu muito obrigada a todos. Fiz o melhor que pude, se incorri em erros a responsabilidade é somente minha.

INGLÊS AMERICANO
INGLÊS BRITÂNICO
PORTUGUÊS

INGLÊS AMERICANO	INGLÊS BRITÂNICO	PORTUGUÊS

A

A+	alpha	nota máxima, nota dez
abc's	abc	rudimentos de um assunto, abecedário
about face	about turn	meia-volta, volver!, mudança de opinião, de direção
absentee ballot	postal vote	voto por correspondência
absorbent cotton	cotton wool	algodão cirúrgico, farmacêutico
accident spot	black spot sign	perigo em rodovia (sinal de)
acclimate	acclimatise	aclimatar
accounting department	accounts department	departamento de contabilidade
active duty	active service	ativa (militar)
adhesive tape	plaster, sticking plaster	esparadrapo
adjusted to inflation	index linked	indexado (economia)
adjuster	assessor	inspetor de seguros
administration	government	governo
administrative assistant	personal assistant	secretário (a) pessoal
admited to practice	called to the bar	pertencente à Ordem dos Advogados
advance man	knocker-up	cabo eleitoral
advice columnist	agony aunt	consultor sentimental (em revista ou jornal)
aerial ladders	turntable ladder	escada Magirus (bombeiros)
affiant	endosee	o endossado
after, past	past	e, depois (depois da hora) (*ten after/past ten* = dez e dez)
age spots	grave marks	manchas de velhice nas mãos
airplane propeller	airscrew	hélice de avião
aisle	gangway	passagem que separa filas de bancos em igrejas, teatros
alcohol lamp	spirit lamp	lâmpada a álcool
all around	all round	capacitado para muitas coisas, especialmente esportes
allowance	pocket money	mesada de criança
alter	doctor	castrar animal doméstico
aluminum	aluminium	alumínio
alumnus/alumna	old boy/girl	ex-aluno (a) de escola secundária

INGLÊS AMERICANO	INGLÊS BRITÂNICO	PORTUGUÊS
ambulance chaser	accident tout	rábula, advogado medíocre, advogado de porta de cadeia
American Revolutionary War	War of American Independence	Guerra da Independência Americana
amorous weekend	dirty weekend	fim de semana passado com amante
amusement park, carnival	funfair, fair	parque de diversões
amusement parlor	amusement arcade	fliperama
anesthesiologist	anaesthetist	médico anestesista
angel dust	PCP	anestésico veterinário usado como droga alucinógena (*phencyclidine hydrocloride*)
angel food cake	angel cake	pão-de-ló
Animal, Vegetal or Mineral	twenty questions	brincadeira de adivinhar o que uma pessoa está imaginando, fazendo-lhe perguntas
annual	bedder	planta anual
annual meeting	AGM	reunião de clube ou empresa para eleições, prestação de contas
antenna	aerial	antena de rádio, televisão
antitrust	antimonopolist	antitruste
anyplace	anywhere	em qualquer lugar
apartment	flat	apartamento
apartment building	block of flats	prédio de apartamentos
apartment hotel	service flat	apart-hotel, flat, hotel residência
appendectomy	appendicectomy	apendectomia
apple polisher, toady	toady	bajulador
apple sauce	apple purée	purê de maçã
April Fool's Day	All Fool's Day	primeiro de abril
aquacade	aquashow	show aquático
area code	dialling code	código de área telefônica
areaway	area	espaço rebaixado para iluminar porão
armored car	strong room van	carro blindado
around	round	em volta, em movimento circular
around	about	por aí, por aqui
arsonist	fire raiser	incendiário (pessoa)
artsy-craftsy	arty-crafty	pretensiosamente artístico

INGLÊS AMERICANO	INGLÊS BRITÂNICO	PORTUGUÊS
ascot	cravat	plastrom
assembly-line work	repetition work	linha de montagem
assignment	appointment	incumbência, encargo
assignment	home work	lição de casa
associate professor	reader	professor associado (ensino superior)
athletic supporter	jockstrap	suporte atlético, sunga
ATM card	access card	cartão eletrônico (bancário)
ATM machine	cash dispenser	caixa eletrônico (bancário)
audit	sit in	assistir curso como ouvinte
automatic payment	direct debit	débito automático (bancário)
automobile accident	casualty, road accident	acidente de carro
auto-racing	motor racing	corrida de automóveis
avalanche	snowslip	avalanche de neve

B

INGLÊS AMERICANO	INGLÊS BRITÂNICO	PORTUGUÊS
baby carriage/buggy	pram (perambulator)	carrinho de bebê
baby carrier, porta crib	carry cot	moisés, cesto de carregar bebê
baby exerciser	baby bouncer	pula-pula (brinquedo infantil)
baby farm, day care center	creche	creche
baby fat	puppy fat	gordura infantil
baby grows	stretch coveralls	macacão de bebê
baby stroller	baby buggy, push chair	cadeirinha de empurrar bebê
baby tooth	milk tooth	dente de leite
back alley abortion	back street abortion	aborto ilegal em condições precárias
back log	reserve supply	reserva, estoque
back off	back away	afastar-se (por medo ou repulsa)
back pay salary	arrears of pay/salary	pagamento de salários atrasados
back talk	backchat	resposta malcriada
back up	to reverse	dar marcha a ré (veículo)
backpack	rucksack	mochila
backup	tailback	congestionamento de trânsito
backup light	reverse lamp, reversing lights	luz de ré (veículo)
bad egg	bad hat	mau elemento (pessoa)
badge, button, pin, patch	badge	distintivo usado na lapela
baggage	luggage	bagagem

INGLÊS AMERICANO	INGLÊS BRITÂNICO	PORTUGUÊS
baggage car	luggage van	vagão de bagagem (ferrovia)
baggage room	left luggage office	guarda-volumes
baked potato	jacket potato	batata assada com casca
bakery	baker's (shop)	padaria
baking sheet	baking tray	assadeira rasa (culinária)
baking soda	bicarbonate of sodium	bicarbonato de sódio (culinária)
balcony	dress circle	balcão nobre (teatro)
ball point pen	biro, ball point pen	caneta esferográfica
ballot inspector	scrutineer	escrutinador, fiscal de apuração eleitoral
banana seat	banana saddle	selim alongado de bicicleta
band	to ring	anelar, colocar anel de identificação em aves
band-aid	elastoplast	*band-aid*
bangs	fringe	franja de cabelo
bang-up	bang on	excelente
baptismal/given/Christian name	Christian/given name	nome de batismo, primeiro nome
Bar Association	Law Society	Ordem dos Advogados
barhop	to pub-crawl	fazer a ronda dos bares, *pubs*
barber shop	barber's hairdresser	salão de barbeiro, barbearia
barbital	barbitone	veronal
bargeman	bargee	barqueiro
barrete	hairslide, slide	fivela de cabelo
baseboard, mopboard	skirting board	rodapé
basting stich	tack	alinhavo
bateau neck	boat neck	decote canoa/*bateau*
bath cake	bath cube	cubinhos de sais de banho
bathe	to bath	dar ou tomar banho
bathing/swimming suit	bathing costume	maiô
bathrobe	dressing gown	roupão
bathroom, john, toilet	lavatory, toilet, loo, W.C.	banheiro
battery	accumulator	bateria (eletricidade)
be going on	to be rising	estar chegando aos (x anos de idade)
beachchair	deckchair	espreguiçadeira, cadeira de preguiça
bearing clutch, throwout bearing	clutch release	rolamento de embreagem
bed bug, chinch	bug	percevejo (inseto)

INGLÊS AMERICANO	INGLÊS BRITÂNICO	PORTUGUÊS
beddy-bye	bye-byes	fazer naninha (infantil)
bedridden patient	cot case	doente acamado
beet	beetroot	beterraba
bellhop, bellboy	buttons, page, pageboy	mensageiro de hotel
benefice	benefice, living	benefício eclesiástico
benefit society	friendly society	sociedade de socorros mútuos, previdência privada
B-girl	night club hostess	moça que entretém em bares
bias, on the	cross, on the	enviesado, de viés
bib	feeder	babador
big head	swollen head	cabeça inchada, pessoa convencida de sua importância
big shot	big noise	"figurão", pessoa importante
big toe	great/big toe	dedão do pé
bill	bank note, note	cédula
bill of goods	bill of adventure	consignação de mercadoria
billboard	hoarding	quadro de avisos, *outdoor*, comerciais
billfold	note-case, wallet	carteira de dinheiro
billiards parlor/saloon, pool room	billiard/pool room	salão de bilhar
biotechnology	ergonomics	biotecnologia
bird dog	gun dog	cão perdigueiro
bird feeder, bird bath	bird table	tábua suspensa para alimentar pássaros
birdie, shuttlecock	shuttlecock	peteca
black jack	club, cosh	porrete, cassetete
blackmail	to put the black on	fazer chantagem, chantagear
blank check	open cheque	cheque ao portador
blank form	form	formulário
bleeper	beeper, pager	bipe
blender	liquidiser	liquidificador
blind	hide, hunting screen	tocaia, esconderijo (caça)
blindfolded	blindfold	com venda/tampão nos olhos
blood sausage	black pudding	chouriço
blooper	bloomer	rata, erro grosseiro
blowtorch	blowlamp	maçarico
blueing	bag blue	anil, pedra de anil
bobber	bob	pessoa que anda em *bobsleigh/ bobsled* (tipo de trenó)
bobbie pin	hair grip, kirby grip	grampo para cabelo

INGLÊS AMERICANO	INGLÊS BRITÂNICO	PORTUGUÊS
body shop	panel-beating shop	oficina mecânica
body work	crash repairs	serviço de funilaria (oficina mecânica)
bologna sausage	polony, bologna	salsichão
bolstering	bridging	suporte, sapata
bomb threat	bomb scare	aviso, ameaça de bomba
bone	to debone	desossar
bone lazy	bone idle	muito preguiçoso
bookmobile	mobile library	biblioteca ambulante
boor	bounder	pessoa grosseira, inconveniente
boot	clamp	colocar jacaré (trava) em rodas de veículo estacionado ilegalmente
bootlace, shoestring	bootlace, shoelace	cadarço de sapato
bosom of shirt	shirtfront	peitilho de camisa
bouncer	chucker-out	leão-de-chácara
boutonniere	buttonhole	flor de lapela
bowel movement	motion	evacuação de fezes, movimento dos intestinos
bowls, tenpins	lawn/tenpin bowling	boliche
box/freight car	goods wagon	vagão de carga (ferrovia)
box end wrench	ring spanner	chave de porca, chave inglesa
box lunch	packed/meal lunch	almoço de marmita
brackets	(square) brackets	colchetes (sinal gráfico)
braid	pig tail	trança de cabelo pendente na nuca
braid	to plait	trançar, fazer tranças
braids	plaits	trança (cabelo)
brains trust	brain trust	grupo de especialistas que fazem aconselhamento
brainstorm	brainwave	súbita idéia brilhante, estalo de Vieira
brakeman	guard	guarda (ferrovia)
brakeman	brakesman	guarda-freios (ferrovia)
brass knuckles	knuckle duster	soqueira, soco inglês
bread plate	side plate	pratinho para pão
bread strips	fingers, soldiers	tirinhas de pão para comer com ovo mole
break in	to run in	amaciar motor
breakdown crane/tow	breakdown van/lorry	carro guincho
bridge foursome	bridge school	grupo de jogadores de *bridge*

INGLÊS AMERICANO	INGLÊS BRITÂNICO	PORTUGUÊS
broil	grill	grelha; grelhar
broken sizes	broken ranges	tamanhos misturados (em liquidação de roupas, calçados)
brown bag	packed meal/lunch	lanche que se leva ao trabalho
brown sugar	Demerara sugar	açúcar mascavo
brush one's teeth	to clean/brush one's teeth	escovar os dentes
bubble	to burble	borbulhar
buck	to jib	empacar, emperrar
buffer	nail pad	polidor de unhas
buffet	sideboard	aparador, bufê
buffet luncheon	fork luncheon	almoço à americana, *self-service*
bugaboo	bugbear	bicho-papão
building	house	prédio
building permit	planning permission	licença para construção
building supply firm	builder's merchant	depósito de material de construção
built to order	purpose built	feito sob encomenda
bulletin board	notice board	quadro de avisos
bullhorn	loud hailer	megafone
bullion	beef tea	caldo de carne para doentes
bump, thank you ma'm	ramp, sleeping policeman	quebra-mola, obstáculo (trânsito)
bumper	buffer	amortecedor, barra de pára-choques (ferrovia)
bumper to bumper	nose to tail	colado no carro da frente (trânsito)
bureau, dresser	chest of drawers	cômoda
burglarize	to burgle	roubar, assaltar um domicílio
burned out bulb	fused lamp	lâmpada queimada
burner	hob	bico de gás (fogão)
bus	coach	ônibus de turismo
busboy	commis waiter	ajudante de garção
business	custom	freguesia, clientela
business cycle	trade cycle	ciclo comercial
business reply mail	freepost	porte pago para resposta (correio)
business suit	lounge suit	terno de trabalho, de uso diário
busy signal	engaged tone	sinal de ocupado (telefone)
butcher shop, butchery	butcher's	açougue

INGLÊS AMERICANO	INGLÊS BRITÂNICO	PORTUGUÊS
button, pin, patch, badge	badge	distintivo usado na lapela
buzz saw	circular saw	serra circular
by-play	secondary action	ação secundária no palco

C

cabinet officer	cabinet minister	ministro
caboose van	guard's van	carro lanterninha (ferrovia)
cafeteria	self-service canteen	lanchonete *self-service*
cake pan	cake tin	fôrma para bolo (culinária)
calico	cotton print	tecido de algodão estampado
call	to knock up	acordar alguém, chamar para acordar
call collect	reverse charges	chamada telefônica a cobrar
call girl, tramp, hooker, street walker	prostitute, tart, whore	prostituta
call letters	call sign	letras e números de prefixo de estação de rádio, tevê
call, phone	to ring up	fazer chamada telefônica
call-in program	phone-in programme	programa de rádio ou televisão com participação dos ouvintes
calling card	visiting card	cartão de visitas
calling party	caller	pessoa que faz a chamada telefônica
calliope	steam organ	órgão a vapor (música)
camper/trailer/mobile/ motor home	caravan, motor caravan	trailer
can	tin	lata
can opener	tin opener	abridor de lata
(can) tab	ring pull	anel em latas (para abri-las)
can, preserve	to bottle	preparar alimentos em conserva
candidacy	candidature	candidatura
candy	chocolate, sweets	doces em geral
candy store	sweet shop	confeitaria, doceria
cane	walking stick	bengala
canker sore	canker	afta na boca ou nos lábios
canola	rape	canola (*canadian oil*), colza

INGLÊS AMERICANO	INGLÊS BRITÂNICO	PORTUGUÊS
cant hook	cant dog	gancho para virar toras de madeira
cap and gown	academicals	beca e capelo, vestes talares
car	carriage, wagon	vagão (ferrovia)
car agency, car dealer	motor firm	agência de automóveis
car barn	tramway depot	estação de bondes
car crash	car smash	colisão de veículos
car dealer, car agency	motor firm	agência de automóveis
car fleet	motor pool	frota de automóveis
caravan	convoy	caravana
card catalog	card index	gaveta/caixa de fichas contendo informações
cardsharp	cardsharper	jogador profissional de baralho que trapaceia
care	to mind	incomodar-se
career, resumé	curriculum vitae, CV, brief	currículo
carnival slide	helter-skelter	tobogã em espiral (parque de diversões)
carnival, amusement park	funfair, fair	parque de diversões
carry forward amount	amount carried forward	quantia a transportar, transporte (contabilidade)
carryall	holdall	sacola de viagem
carry-all	estate car	tílburi com assentos laterais
cart	trolley	carrinho de compras
cash	to encash	descontar um cheque
castor bean	castor oil plant	mamona, mamoneira
cat food	cat's meat	ração para gatos
catnip	catmint	erva gatária (*nepeta cataria*)
cattle guard	cattle grid	mata-burro
cattle rustler	cattle lifter	ladrão de gado
catty corner	kitty corner	vias-à-vis, em diagonal
centennial	centenary	centenário
certified mail	recorded delivery	carta registrada
certified milk	attested milk	leite inspecionado
certified public accountant	chartered account	contador formado
change purse	purse	bolsinha para moedas, niqueleira
character, guy	blighter, bloke	cara, sujeito, tipo
charter member	founder member	sócio/membro fundador
check	to vet	avaliar, aquilatar
check	bill	conta (restaurante)

INGLÊS AMERICANO	INGLÊS BRITÂNICO	PORTUGUÊS
check	tick	ficha de objetos deixados em custódia; aceitar, deixar objetos em custódia
check room	cloack room	chapelaria (teatro, museu)
check, check off	to tick, tick off	ticar, conferir
checkers	draughts	jogo de damas
checking account	current account	conta corrente
cheesecloth	butter muslin, cheesecloth	gaze de algodão (culinária)
chick	bird	namorada, garota
chicken/fowl run	chicken run	galinheiro
chimney corner	ingle-nook	canto, espaço em volta de lareira
chimney sweeper	chimney sweep	limpador de chaminé
chinch, bed bug	bug	percevejo (inseto)
chin-up	pull-up	exercício de erguer o rosto até a altura da barra
choir director	chorus master	regente de coral
Christian/given/baptismal name	Christian/given name	nome de batismo, primeiro nome
cigar store, tobacconist	tobacconist	tabacaria
cilantro	coriander	coentro
cinder block	breeze block	bloco de concreto e cinzas
circle	circus	praça pública circular
city council	town council	Câmara Municipal
class	form	aula/ano/classe/série escolar
cleaner	cleaner's	tinturaria a seco
clipping, newspaper clipping	cutting, newspaper cutting	recorte de jornal
clockwise, deasil	clockwise	sentido horário
cloistered nun	enclosed nun	religiosa/freira enclausurada
closed season	close season	período de proibição de caça/pesca
clothes pin	clothes peg	pregador de roupa
clunker	banger	máquina ou carro velho e dilapidado
coal cellar	coalhole	depósito de carvão
coast	to free wheel	dirigir veículo na banguela
coaster	drink mat	descanso para copos
cocktail party	drinks party	coquetel (reunião)
co-ed	mixed school	escola mista
collar button	collar stud	botão de colarinho
college	faculty	faculdade (ensino superior)

INGLÊS AMERICANO	INGLÊS BRITÂNICO	PORTUGUÊS
college graduate	graduate	bacharel
color wash	coloured distemper	têmpera de cor (pintura)
comfort station, restroom	public convenience	banheiro público
comic strips	strip cartoon	história em quadrinhos
commencement day	degree day	dia de formatura
commercial bank	clearing bank	banco que trabalha com compensação
common fraction	vulgar fraction	fração ordinária (matemática)
common stock	ordinary shares	ação ordinária (economia)
commutation ticket/book	season ticket	bilhete múltiplo, passagem múltipla
Company, the; company	the Firm; firm	serviço de espionagem
compensatory time	time off in lieu	compensação de horário extra de trabalho
composite	identikit	kit para compor retrato falado (polícia)
concert master	leader	*spala* (orquestra)
conductor	guard, ticket inspector	guarda que verifica os bilhetes (ferrovia)
cone	cornet	cone de sorvete
confectioner's sugar, powdered sugar	icing sugar	açúcar de confeiteiro
confidence game	confidence tricky	conto do vigário
connect	to put through	completar ligação telefônica
connected	through	ligação completada via telefonista
conservatory	conservatoire	conservatório de música
constitutional convention	constituent assembly	representantes eleitos para fazer/reformar Constituição do país; constituinte
consumer price index	retail price index	índice de preços
consumer rights	statutory rights	direitos do consumidor
continuing education	adult education	educação para adultos fora do sistema escolar
control room	listening room	sala de controle (radiofonia)
convenience food store	corner shop	pequena mercearia
convertible	drop-head	conversível (veículo)
cook book	cookery book	livro de culinária
cookie	biscuit	bolacha doce
coolant tank	header tank	reservatório de água (veículo)
cop	bobby	guarda (polícia), tira

INGLÊS AMERICANO	INGLÊS BRITÂNICO	PORTUGUÊS
copestone	copingstone	pedra de cumieira
copyread	to subedit	copidescar
cord	flex	fio elétrico
corn	maize	milho
corn on the cob	sweet corn cobs	espiga de milho cozida
corn silk	tassle	cabelo de milho, barbas de milho
corn syrup	golden syrup	xarope de milho, Karo
cornstarch	cornflour	maisena, amido de milho
cost estimate	bill of quantity	orçamento de construção
cot	camp bed	catre, cama de armar
cotton candy	candyfloss	algodão de açúcar (confeitaria)
cotton textiles	Manchester goods	tecidos de algodão
counterfeit bill	forged note	cédula falsificada
county seat	county town	sede de condado, município
court tennis	real tennis	tênis (esporte)
covalence	covalency	covalência
cover letter	covering letter	carta que acompanha pacotes/encomendas
coveralls	boiler suit	macacão (vestuário)
cracker barrel	biscuit tin	lata de biscoitos
crank case, oil pan	sump	cárter (veículo)
crazy	bonkers	pirado
crazy bone	funny bone	côndilo interno do úmero (anatomia)
creamer	cream jug	jarra para servir creme de leite
credit voucher	credit note	nota de mercadoria devolvida para se efetuar outra compra
creek	beck	riacho
crematorium	crematory	crematório
crepe	weepers	véu de luto, fumo de chapéu
crescent roll	croissant	*croissant* (culinária)
crib	cot	berço
crib death	cot death	morte súbita de bebê durante sono
crisp	crumble	mistura de farinha, gordura e açúcar para cobertura (culinária)
criss-cross, tick-tack-toe	noughts and crosses	jogo-da-velha
cross street	turning	travessa, rua transversal
crossbuck	warning cross	sinal de cruzamento (ferrovia)

INGLÊS AMERICANO	INGLÊS BRITÂNICO	PORTUGUÊS
crossroads	carfax	cruzamento de estradas
crosswalk	pedestrian/zebra crossing	faixa de pedestres (trânsito)
cub scout	wolf cub	lobinho (escotismo)
cufflink	sleevelink	abotoadura de camisa
cuffs	turn-ups	bainha, barra de calça comprida
curb	kerb	guia de calçada
currant bun	Chelsea bun	pão doce com corintos
currant cookie	Garibaldi	biscoito de corintos
curtain rod	curtain rail	trilho de cortina
cuspidor	spitoon	escarradeira, cuspidor
custom tailored	bespoke	feito sob medida (vestuário)
cute	dinky	engraçadinho
cycler	cyclist	ciclista

D

INGLÊS AMERICANO	INGLÊS BRITÂNICO	PORTUGUÊS
daddy longlegs	harvestman	opilião, aranha caseira de pernas longas
dairy truck	milk float	carro de entrega de leite
dashboard	fascia panel, dashboard	painel de automóvel
dating bar	single's bar	bar de solteiros
day after tomorrow	next day but one	depois de amanhã
daycare center, baby farm	creche	creche
day student	day boy/girl	aluno de semi-internato
daylight-saving time	summertime	horário de verão
dead batery	flat accumulator	bateria descarregada/arriada
dead end street	cul-de-sac, blind alley	rua sem saída
deasil, clockwise	clockwise	sentido horário
death cup	death cap	cogumelo venenoso
decal	transfer	decalque, decalcomania
deck	pack	baralho (maço)
deconcentrate	decentralise	descentralizar
defrost	to demist	desembaçar (vidro)
defroster	demister	desembaçador de vidro (veículo)
delegation	deputation	delegação
delivery boy	errand boy	menino de entrega
delivery truck	delivery van, van	caminhão de entrega

INGLÊS AMERICANO	INGLÊS BRITÂNICO	PORTUGUÊS
deposit book	paying-in book	talão de depósitos bancários ou outros
deposit slip	credit slip	comprovante de depósito bancário
derby	bowler hat	chapéu-coco
desk ckerk	recepcionist	recepcionista (hotel)
dessert	afters, pudding, dessert, sweets	sobremesa
detour	diversion	desvio (trânsito)
dial tone	dialling tone	sinal de linha (telefonia)
dialogue	dialogize	dialogar
diamide	diamine	diamina (química)
diaper	nappy	fralda
dicker	to barter	pechinchar
dim	to dip	baixar a luz (veículo)
dime novel	penny dreadful	romance barato, dramalhão, folhetim
dime store	bazaar	loja de artigos baratos
dimmer	dipper	luz baixa (veículo)
dimmer switch	dipper switch	botão de luz baixa (veículo)
dinner jacket	tuxedo	traje masculino para jantar de gala, *smoking*
direct discourse	direct speech	discurso direto (gramática)
direct distance dialing	subscriber trunk dialing	discagem direta a distância (telefonia)
directory assistance/ information	(directory) enquires	informação telefônica
disconnected number	ceaseline	telefone desligado pela companhia
discount house/stores	tally shop, warehouse stores	loja de descontos
discounter	bill broker	agente de câmbio
dish towel	drying-up cloth	pano de prato
dish washer	washing up machine	máquina de lavar louça
dishonorable discharge	dismissal with disgrace	expulsão de soldado
dishpan	washing up bowl	bacia para lavar louça
dishwashing liquid	washing up liquid	detergente líquido
disorder, row	cafuffle, row	baderna
distributor	renter	distribuidor de filmes
district attorney	public prossecutor	promotor público
divided highway	dual carriageway	rodovia de duas mãos com canteiro central

INGLÊS AMERICANO	INGLÊS BRITÂNICO	PORTUGUÊS
divider, median strip	central reservation	canteiro central de estrada
do not enter	no entry	contramão (sinal de trânsito)
do the dishes	to wash up	lavar a louça
dog catcher	dog warden	funcionário que caça cachorro na rua
dollar diplomacy	cheque book diplomacy	diplomacia do dinheiro
dome light	roof lamp	luz de teto (veículo)
Domestic Relations Court, Family Court	Family Division, Marriage Guidance Bureau	Vara da Família (jurídico)
dormitory	hall of residence	dormitório em escola
dotted	spotted	tecido estampado de bolinhas
double boiler	double sauce-pan	panela para banho-maria
double or nothing	double or quits	jogada para decidir se aposta é dobrada ou cancelada
downspout	downpipe	condutor de calha
downward	downwards	para baixo
draft	call up, conscription	recrutamento militar
draftee	conscript	o convocado para o serviço militar
drafting room	drawing office	ateliê de desenhista projetista
dragon's teeth	tank traps	obstáculos dentados contra carros blindados e tanques
drain	plughole	ralo de pia para escoamento de água
drawing paper	cartridge paper	papel para desenho
dresser, bureau	chest of drawers	cômoda
dressing gown, house coat	undressing robe	penhoar (vestuário)
drive	to motor	passear de carro
driver's license	driving licence	carteira de habilitação de motorista
driver's seat	driving seat	assento do motorista
drool	to dribble	babar (como criança)
drug abuse	drug misuse	abuso de drogas
druggist, pharmacist	dispenser, dispensing chemist, chemist	farmacêutico
drugstore	chemist's	farmácia
dry goods	drapery	tecidos e armarinho
dry goods store	draper's shop	loja de tecidos e armarinho
dry ice	hot ice	gelo-seco

INGLÊS AMERICANO	INGLÊS BRITÂNICO	PORTUGUÊS
dry run, trial	dummy run	treino militar sem munição, ensaio, tentativa
dub	rabbit	esportista medíocre, principiante
dumb	daft	pouco inteligente, "burro"
dump body	tipping body	carroceria basculante (caminhão)
dump, garbage dump	(rubbish) tip	depósito de lixo
dumpster	skip	caçamba
dumpy	Humpty Dumpty	pessoa baixa e gorda, "tampinha"
durable goods	consumer durables	bens de consumo duráveis, não perecíveis
dust cloth	duster	pano de pó
duster	dust coat	guarda-pó (avental)
dustman	refuse worker	coletor de lixo, gari
Dutch door	stable door	porta dividida horizontalmente
dyer's broom	dyer's greenweed	giesta (botânica)

E

eagle scout	king's/queen's scout	escoteiro
earthenware	crockery	cerâmica
edgewise	edgeways	lateralmente, de ponta/cunha
editorial	leader	editorial (jornal)
egg plant	aubergine	berinjela
egg roll	spring roll	rolinhos primavera (culinária chinesa)
egg-white	white of egg	clara de ovo
eiderdown	duvet	edredon de plumas de ganso
eighth note	quaver	colcheia (música)
ejection seat	ejector seat	assento ejetor
EKG	ECG	eletrocardiograma
elastic band	rubber band	elástico circular
election day	polling day	dia de eleição
electron/vacuum tube	valve	válvula eletrônica
elective	optional	matéria optativa (ensino superior)

INGLÊS AMERICANO	INGLÊS BRITÂNICO	PORTUGUÊS
elementary junior high school	junior school	escola primária para crianças de 7 a 11 anos
elevator	lift	elevador
elevator	bridge	parte elevadiça do palco
elevator music	easy listening	música suave de lugares públicos, preferida pelos mais idosos, "música de elevador"
elevator operator	lift man	ascensorista
emergency room	casualty department	sala de emergência, pronto-socorro em hospital
employment office	job centre	centro de informação sobre empregos
end of the street	bottom of the street	fim da rua
endive	chickory	chicória
endwise	endways	de trás para frente
engineer	engine driver	maquinista (ferrovia)
engineer's and fireman's platform	footplate	cabine de maquinista (ferrovia)
English horn	cor anglais	corno inglês (música)
English muffin	muffin	pãozinho redondo achatado
English sheep dog	Old English Sheep dog	cão pastor, cão de guarda de ovelhas
English sparrow	house sparrow	pardal (ornitologia)
entwist, entwine	to entwine	retorcer
equipment rental	plant hire	empréstimo de dinheiro para aquisição de equipamento pesado
eraser	rubber	borracha de apagar
event	fixture	evento esportivo, literário
excavator	navvy	escavador de construção
excelsior	woodshavings	maravalhas para enchimento, estofagem
excess	to make redundant	despedir, demitir empregado
exclamation point	exclamation mark	ponto de exclamação
exclusive	first rate	de primeira qualidade
exemption	personal allowance	renda inferior à que se deve pagar imposto de renda
exhaust fan	extractor fan	exaustor
exhibit	exhibition	mostra de arte
exhibition game	friendly game	jogo amistoso
express company	carrier	transportadora (companhia)

INGLÊS AMERICANO	INGLÊS BRITÂNICO	PORTUGUÊS
extension courses	extra-mural studies	cursos de extensão
extention cord	extention lead	fio de extensão elétrica
eye cup	eyebath	copinho para lavar os olhos
eyeball	to visually position	olhar fixamente

F

face card	court card	carta de baralho com figura
faculty	staff	corpo docente (ensino superior)
fair haired boy	blue-eyed boy	queridinho de alguém ou de um grupo
Fall	Autumn	outono
Family Court, Domestic Relations Court	Family Division, Marriage Guidance Bureau	Vara da Família (jurídico)
far-sighted	long-sighted	hipermetrope
fashion show	dress show	desfile de modas
faucet, spigot, tap	tap	torneira
fedora	trilby	chapéu de feltro tipo diplomata
feed-bag	nosebag	embornal
feeding	feed	alimentação de bebê
feet of clay	heels of clay	pés de barro (figurado)
fence	to reset/fence	receptar mercadoria roubada
fender	mudguard	pára-lama (bicicleta)
fender, splash guard	wing, mudflap	pára-lama (veículo)
ferris wheel	big wheel	roda-gigante (diversão)
field	pitch	área demarcada para jogo de futebol, hóquei etc.
field	ground	campo de esportes
file a complaint	to lay a charge	queixar-se à polícia, dar parte
file footage	library pictures	fotos de arquivos de estúdios de TV
fill in	to gen up	fornecer ou obter informação
filled gold	rolled gold	banhado a ouro
fin	flipper	nadadeira, pé-de-pato
final decree	decree absolute	sentença final (divórcio)
financial editor	city editor	editor de economia (jornal)
fine toothed comb	fine tooth comb	pente-fino
fire	to sack	despedir do emprego
fire department	fire brigade	corpo de bombeiros

INGLÊS AMERICANO	INGLÊS BRITÂNICO	PORTUGUÊS
fire plug	(fire) hydrant	hidrante
fire truck	fire engine	carro de bombeiros
first floor	ground floor	andar térreo
fiscal year	financial year	ano fiscal
fish dealer	fishmonger	peixeiro
fish stick	fish finger	tirinhas de peixe à milanesa
fishbowl	goldfishbowl	aquário doméstico
fistfight	punch-up	briga de socos
fixings, housewares	hardware	ferragens
flag stop	request stop	parada não obrigatória (transporte)
flash freeze	to quick freeze	congelar alimentos rapidamente
flash light	torch	lanterna, farolete
flat tire	puncture	pneu furado
flextime	flexitime	horário flexível de trabalho
flight by night	moonlight flight	fuga de devedores à noite
floating bridge	float bridge	ponte flutuante
floor lamp	standard lamp	abajur de chão
floor sample	floor model	eletrodoméstico que ficou exposto na vitrine, vendido a preço mais baixo
floor walker	shop walker	chefe de seção em loja de departamentos
flophouse	doss house	casa de cômodos, pensão barata, albergue noturno
flow sheet	flow chart	gráfico de operações (indústria)
flower child	flower people	*hippie*
flower pot	plant pot	planta de vaso
flunk	plough	ser reprovado, reprovar (escola)
fluorite	fluospar	fluorita (mineral)
fluted ruffling	piecrust frills	babadinhos canelados (vestuário)
flutist	flautist	flautista
flutter board	float	prancha, tábua de natação
fly	flies, fly	braguilha
fly-over	flypast	acrobacias aéreas durante comemorações
flyspecked	flyblown	coberto de sujeira de moscas
fog light	fog lamp	farol de neblina (veículo)

INGLÊS AMERICANO	INGLÊS BRITÂNICO	PORTUGUÊS
follow the leader	follow-my-leader	"siga o líder" (brincadeira infantil na qual as crianças devem imitar a que lidera)
foot	bottom	fundo de um lugar
football jersey	football shirt	camisa de jogador
for rent	to let	aluga-se (anúncio)
foreman	charge-hand	feitor, contramestre
foul up	to play up	funcionar mal, falhar
four cycle	four stroke	de quatro tempos (motor)
fowl/chicken run	chicken run	galinheiro
freelady	freewoman	contramestra em fábrica
freeway, throughway, super highway	motorway	estrada de rodagem, rodovia
freight	goods	carga (ferrovia)
freight agent	forwarding agent	fretista
freight/box car	goods wagon	vagão de carga (ferrovia)
freight house	goods shed	armazém (ferrovia)
freight truck	goods truck	caminhão de carga
French doors	French windows	janela francesa (arquitetura)
French fries	chips	batata frita
fresh, sassy	saucy, cheecky	atrevido
freshman	first year undegraduate	calouro de universidade
friction tape	insulating tape	fita isolante
front	figurehead	figura de proa
(front) desk	reception desk	recepção (hotel)
frost	to ice	cobrir com glacê (confeitaria)
frost	hoar frost	geada
frozen food	frosted food	comida congelada
funny enough	funnily enough	de maneira estranha, esquisita, inesperada
furnishings, notions	haberdashery	armarinho, aviamentos
(furniture) removal truck	pantechnicon, removal van	caminhão de mudança
future delivery	forward delivery	compra com entrega posterior

G

G rating	U certificate	certificado de filme com censura livre
gains and losses	rises and falls	altas e baixas (economia)
game	match	partida de jogo

INGLÊS AMERICANO	INGLÊS BRITÂNICO	PORTUGUÊS
gang mill	vertical frame saw	serra vertical
garbage can	dustbin	lata de lixo externa à casa
garbage colector	dustman	coletor de lixo
(garbage) dump	(rubbish) tip	depósito de lixo
garbage incinerator	destructor	incinerador de lixo
garbage truck	dustcart	caminhão de coleta de lixo
garbage, trash	rubbish	lixo
garden apartment	garden flat	apartamento térreo com jardim
garters, suspenders	suspenders, braces	suspensórios
gas	petrol	gasolina
gas gauge	petrol gauge	indicador de nível de gasolina (veículo)
gas pedal	accelerator	acelerador (veículo)
gas pump	petrol pump	bombinha de gasolina (veículo)
gas station	filling station	posto de gasolina
gate	barrier	portão, entrada de plataforma ferroviária
gateman	barrier, crossing keeper	guarda-cancela (ferrovia)
gauze	bandage	gaze farmacêutica
gear	traps	coisas, trens, pertences, parafernália
gear shift	gear lever	alavanca de mudança de câmbio (veículo)
general delivery	poste restante	posta restante (correio)
generator	dynamo	dínamo (veículo)
Gentlemen,	Dear Sirs,	Prezados Senhores, (carta)
German shepard	Alsatian	cão pastor alemão
get by	to rub along	ir indo, ir levando, dar-se bem com alguém
get tired of	to go off	enjoar, ficar cansado de
gift certificate	gift token/voucher, token	vale-presente (comércio)
gin mill	gin stop	bar, boteco
ginger snap	ginger nut	biscoito de gengibre
girdle	roll-on girdle	cinta-liga
girl scout	guide	bandeirante (escotismo)
give trouble	to play up	causar problema
given/Christian/baptismal name	Christian/given name	nome de batismo, primeiro nome
glaze	glaze ice	camada fina de gelo depois de de nevasca

INGLÊS AMERICANO	INGLÊS BRITÂNICO	PORTUGUÊS
go on sympathy strike	to black	fazer greve de apoio a outros grevistas
go-cart	baby-walker	andador (infantil)
golden anniversary	golden wedding	bodas de ouro
gondola car	open goods-wagon	gôndola (ferrovia)
goose bumps	goose pimples/flesh	pele arrepiada de frio ou medo
gooseneck lamp	flexible lamp	abajur de haste flexível
Government Printing Office	His or Her Magesty's Stationary Office	Imprensa Oficial
grade	form	ano/classe escolar
grade	gradient	ladeira, subida
grade crossing	level crossing	passagem de nível (ferrovia)
grade/elementary school	elementary/junior school	escola primária
grader	former	-anista, sufixo (como em primeiro-anista)
graduate	to leave school	formar-se, diplomar-se (escola)
graduate	postgraduate	pós-graduando
graduating student	leaver	formando (universidade)
grafter	backhander	suborno
grain	corn	grão, cereal
grandstand	to play to the gallery	exibir-se, fazer farol
granny gear	four wheel drive	4 x 4, veículo com tração nas quatro rodas
granola bar	flap-jack	bolacha de aveia
Great!	Lovely!	Ótimo! Que bom!
"Greek"	double Dutch	"grego", incompreensível
green bean	French bean	feijão em vagem
green onion, scallion	spring onion	cebolinha verde
green thumb	green fingers	"dedos verdes", mão boa para plantas
greengrocery	greengrocer's	quitanda
ground	earthwire, earth	fio terra
ground cloth	ground sheet	lençol impermeável, a prova d' água
guest room	spare/guest room	quarto de hóspedes
gumbo, okra	okra	quiabo
guy, character	bloke, blighter	sujeito, cara, tipo
gym suit	gym slip	roupa de ginástica

H

INGLÊS AMERICANO	INGLÊS BRITÂNICO	PORTUGUÊS
hack	hackney carriage	carruagem
half note	minim	mínima (música)
half step	semitone	meio tom (música)
hall (way)	passage (way)	corredor (arquitetura)
hamburger bun	bap	pão de hambúrguer
hamburger meat	mince	carne moída
hamper	laundry basket	cesto de roupa suja
hand truck	barrow	carrinho de carregador de bagagem (ferrovia)
handle	do	negociar/trabalhar com
handwriting	hand	letra manuscrita, caligrafia
hang up	to ring off	desligar chamada telefônica, colocar fone no gancho
hard candy	caramel	bala de caramelo (confeitaria)
hard candy	boiled sweets	bala dura (confeitaria)
hard cider	alcoholic cider	sidra de maçã fermentada
hard liquor, liquor	spirits	bebida alcoólica forte
hard sauce	brandy butter	glacê de manteiga, açúcar e conhaque
hardware dealer	ironmonger	ferragista
hardware store	iromonger's	loja de ferragens
hassock	pouf	pufe (tipo de almofadão)
hat check girl	cloackroom attendant	atendente de chapelaria (teatro, museu)
hat tree	hat stand	mancebo, porta-chapéu
head shrinker	trick cyclist	psiquiatra
headcheese	brawn	*galantine* de porco (culinária)
headrest	head restraint	descanso para cabeça em assento de automóveis
hearing aid	deaf aid	aparelho para surdez
heater	fire, heater	aquecedor de ambiente
heaven	gods	galeria, "puleiro" (teatro)
heavy cream	double cream	creme de leite espesso
help wanted	situations vacant	precisa-se (de empregado) (anúncio em jornal)
hide-and-go-seek	hide-and-seek	esconde-esconde (brincadeira)
high	blocked	drogado
high heel shoe	court shoe	sapato de salto alto

INGLÊS AMERICANO	INGLÊS BRITÂNICO	PORTUGUÊS
highboy	tallboy	cômoda alta
highstrung	highly strung	muito nervoso, excitado, sensível
highway robbery	daylight robbery	preço exorbitante, "assalto"
high-wheeler, ordinary	penny farthing	bicicleta que tem a roda dianteira maior que a traseira
hiphuggers	hipsters	calças Saint Tropez
hire	to engage	contratar empregado
historic building	listed building	edifício tombado pelo patrimônio histórico
hoax	leg-pull	brincadeira, peça
hobby horse	cockhorse	cavalinho de pau (cabo de vassoura)
hog cholera	swine fever	cólera suína
Holstein	Friesian	holandês (gado)
home address	private address	endereço residencial
home away from home	home from home	segundo lar
home room	form room	sala de aula usada pelos alunos da mesma série
homely	plain	feioso, sem graça
hometeacher	form teacher	professor(a) responsável por alunos de uma série
honor roll	roll of honour	lista de honra
hood	bonnet	capô (automóvel)
hooker, tramp, call girl, street walker	whore, prostitute, tart	prostituta
hope chest	bottom drawer	baú de enxoval de noiva
horsie	gee-gee	cavalinho (linguagem infantil)
hose cart/truck/carriage	hose reel	rolo de mangueira de incêndio
hot flash	hot flush	onda de calor (menopausa)
hotdog bun	bridge roll	pão de cachorro-quente
house call charge	call-out charge	preço da visita (encanador, eletricista etc.)
house coat, dressing gown	undressing robe	penhoar (vestuário)
house organ	house journal	jornal informativo de empresa
housebroken	house trainded	animal ensinado a fazer suas necessidades fisiológicas em lugar determinado
housewares, fixings	hardware	ferragens
housing development	housing estate	núcleo residencial

INGLÊS AMERICANO	INGLÊS BRITÂNICO	PORTUGUÊS
hustler	rent boy	prostituto jovem e sem moradia, michê
hutch	Welsh dresser	arca-oratório
hypocondriac	imaginary invalid, hypocondriac	hipocondríaco

I

INGLÊS AMERICANO	INGLÊS BRITÂNICO	PORTUGUÊS
ice cube	block of ice	cubinho de gelo
ice water	iced water	água gelada
ifs, ands, or buts	ifs and buts	desculpas esfarrapadas por motivo de atraso
improvement assesment	betterment levy	taxa de benfeitoria (imóvel)
imputed income	notional income	despesas de representação
in danger	at risk	em perigo
in the back	at the back	nos fundos da casa
in the bargain	into the bargain	de lambuja
incorporated	limited	Limitada (Ltda.) (companhia)
independent vote	floating vote	voto não vinculado, sem chapa
India ink	Indian ink	tinta nanquin
indoor swimming pool	swimming bath	piscina interna, coberta
industrial park	industrial estate	parque industrial
information bureau	information office	guichê de informações (ferrovia)
information desk	inquiry office	balcão de informações
inheritance tax	death duty	imposto de transmissão *causa mortis*
initiation fee	entrance fee	jóia, taxa de inscrição
inner spring, mattress	interior sprung, mattress	colchão de molas
installment plan	hire purchase	compra em prestações
instant printer	jobbing printer	impressor de volantes, circulares, anúncios, bilhetes
instant replay	action replay	*replay* instantâneo (TV)
institutional advertising	prestige advertising	publicidade de qualidade
instructor	lecturer	instrutor, auxiliar de ensino (faculdade)
insuficient funds	refer to drawer, dude cheque	cheque sem fundos
insurance	assurance	seguro de vida
insure	ensure	garantir, assegurar
intermission	interval	intervalo (teatro, concerto)

INGLÊS AMERICANO	INGLÊS BRITÂNICO	PORTUGUÊS
intern, resident physician	houseman, registrar	médico residente
Internal Revenue	Inland Revenue	Receita Federal
interrogation room	incident room	sala de interrogatório (polícia)
inverted commas	quotation marks	aspas
investigation	enquiry	inquérito
inward	inwards	para dentro

J

INGLÊS AMERICANO	INGLÊS BRITÂNICO	PORTUGUÊS
jabber	gibber	falar muito depressa
jack	knave	valete (baralho)
jacket	sleeve	capa de disco
jackrabbit	prairie hare	lebre
jacks	dibs	três-marias (jogo infantil)
jail	gaol	cadeia, prisão
jammed	jam-packed	abarrotado, cheio de gente
janitor	caretaker, porter	zelador de edifício
jawbreaker	gob stopper	doce redondo, duro e grande
Jello	jelly	sobremesa de gelatina
jelly	jam	geléia
jelly roll	Swiss roll	rocambole (culinária)
jimmy	jemmy	pé-de-cabra (ferramenta)
john, bathroom, toilet	lavatory, toilet, loo, W.C.	banheiro
jollification	jolly	festividade, comemoração
jump rope	skipping-rope	corda de pular
jumper	pinafore dress	vestido sem mangas com blusa por baixo
jumper cables	jump lead	fios para recarregar bateria
junior correspondent	junior reporter	jornalista principiante, foca
junk man	rag-and-bone-man, ragman, ragpicker	negociante de artigos de segunda mão, brechó
jury duty	jury service	membro de um júri
juvenile affairs division	attendance centre	centro de delinqüentes juvenis em liberdade condicional

K

INGLÊS AMERICANO	INGLÊS BRITÂNICO	PORTUGUÊS
kabob	kebab	carne assada no espeto (culinária grega)

INGLÊS AMERICANO	INGLÊS BRITÂNICO	PORTUGUÊS
keep going	to carry on	continuar
kerosene	paraffin	querosene
key punch	cardpunch	máquina de perfurar cartões tipo holerite
kid, kid skin	cheverel, kid	cabrito, couro de cabrito, pelica
kitchen cupboards	fitted units	armários de cozinha
knickers	plus-fours	calções presos na altura dos joelhos
knobby	knobbly	com calombos, encaroçado
knock up	put in the family way	engravidar alguém

L

labor room	confinement theatre	sala de parto em hospital
labor union	trade union	sindicato
laboratory assistent	demonstrator	preparador de laboratório em escola
ladybug, ladybird	ladybird	joaninha (inseto)
ladyfingers	sponge/finger biscuits	biscoito inglês
lap robe	travelling rug	manta de viagem
laundry soap, soap powder	washing powder	sabão em pó
lawn bowling	bowls	boliche (jogo)
lay off	to stand off	despedir empregados sobressalentes
layer cake	gateau, sandwich cake	bolo em camadas, torta (culinária)
layer cake pan	sandwich tin	fôrma para bolo em camadas (culinária)
lazy Susan	dumb waiter	bandeja giratória
learner's permit	provisional licence	licença provisória para conduzir veículo
leather dressing	dubbin	impermeabilizante de couro
legal holiday	bank holiday	feriado nacional
legislative report	blue book	relatório do governo
lending library	rental library	biblioteca circulante paga
letterhead	headed paper	papel de carta timbrado
letter-perfect	word-perfect	sem erro, verbatim
level	spirit level	instrumento de nivelação
license plate	number plate	chapa de automóvel

INGLÊS AMERICANO	INGLÊS BRITÂNICO	PORTUGUÊS
light supper	knife and fork tea	ajantarado; lanche reforçado (que substitui o jantar)
lima bean	broad bean	feijão lima
line	queue	fila
line	chat-up line	perguntas para iniciar conversa com desconhecido
liner notes	sleeve notes	informação contida em orelha de livro/capa de disco
lineup	identification parade	sessão para identificação de suspeitos (polícia)
liquor store	off-license, wine merchant	loja de bebidas
liquor, hard liquor	spirits	bebida alcoólica forte
live rail, third rail	conductor rail	trilho condutor (ferrovia)
liverwurst, liver sausage	liver sausage	lingüiça de fígado
living room	living/sitting room	sala de estar
loaded	half seas over	bêbado, embriagado
lobby	foyer	saguão de entrada
local	branch	filial de sindicato
local train	stopping train	trem leiteiro, que pára em todas as estações
locker room	changing room	vestiário de um clube, piscina
long distance call	trunk call	chamada telefônica interurbana
longshoreman	docker	estivador
longwearing	hardwearing	que dura muito, de longa duração (tecido, sapato)
loose-leaf notebook	ringbinder	fichário (caderno)
lost and found	lost property	perdidos e achados
low gear	bottom gear, first speed	marcha lenta (veículo)
lumber	timber	madeira para construção
lumber room, storage room	box room, lumber room	quarto de despejo
lumberer, timberman	forest labourer, woodman	lenhador
lumberyard	timberyard	depósito de madeira
lunch box	piece tin	lancheira

M

machinery	works	mecanismo
maid of all work	general servant	empregada doméstica

INGLÊS AMERICANO	INGLÊS BRITÂNICO	PORTUGUÊS
mail	post	correspondência; postar, enviar pelo correio
mail bag	post bag	mala postal
mail box/drop	pillar box	caixa de coleta postal na rua
mail order buy	postal shopping	compra por reembolso postal
mailman	postman	carteiro
main road	arterial road	estrada principal, preferencial
Main street	High street	rua principal
make reservations	to book	fazer reserva (teatro, hotel)
mantelpiece	chimney piece	console de lareira
mariner	sea ranger	marinheiro
masquerade	fancy dress	fantasia (vestuário)
master key	skeleton key	chave-mestra
mate	first mate	imediato (marinha)
mattress, inner spring	interior sprung mattress	colchão de molas
meat grinder/choper	mincer, mincing machine	máquina de moer carne
mechanical pencil	propelling pencil	lapiseira
median strip, divider	central reservation	canteiro central de estrada
men working	road works	homens trabalhando (sinal de trânsito)
men's room	gents	toalete público masculino
Merchant Marine	Mercantile Marine	Marinha Mercante
mess around	to mess about	fazer tudo lentamente, desordenadamente
metro, subway	tube, underground	metrô
mighty	jolly bad	demasiadamente, muito
milkman	milk roundsman	entregador de leite
mimeograph	to cyclostyle	mimeografar
mimeograph	duplicator	mimeógrafo
mine bucket	kibble	balde de poço (mineração)
mineral oil	liquid paraffin	purgante, óleo mineral usado como laxante
mini-minor	Mini	minicarro
minor subject	secondary subject	matéria, disciplina secundária (escola)
mint candy	humbug	bengalinha de doce
mobile home, trailer, camper, motor home	caravan, motor caravan	trailer
mohawk	mohican	corte de cabelo masculino tipo moicano/crista de galo
molasses	black trackle	melaço, melado

INGLÊS AMERICANO	INGLÊS BRITÂNICO	PORTUGUÊS
moll	bint	mulher de malandro, prostituta
mom, ma	mum, mam	mamãe
money (transfer) order	banker's/postal order	ordem de pagamento, vale-postal
money of account	unit of account	moeda de cálculo
monkey bars	climbing frame	gaiola, trepa-trepa (parquinho infantil)
(monkey) wrench	spanner	chave inglesa, chave de boca
mopboard, baseboard	skirting board	rodapé
morning coffee break	elevenses	pausa para o cafezinho da manhã
mortuary	hearse	carro fúnebre
Mother's Day	Mothering Sunday	Dia das Mães
motion sickness	travel sickness	enjôo de viagem
motor/trailer/camper/ mobile home	caravan, motor caravan	trailer
motorcycle	motor bycicle	motocicleta, bicicleta motorizada
mover	removals	companhia de mudanças
movie	film	filme cinematográfico
movie star	film star	estrela de cinema
movie theater, the movies	cinema, the pictures	cinema
moviegoer	picturegoer	cinéfilo
moving sidewalk	travolator	esteira rolante para passageiros em aeroporto
moving van, furniture removal truck	pantechnicon, removal van	caminhão de mudança
Mr.	Esq., Mr.	Sr. (endereçamento de carta)
muffler	exhaust silencer, silencer	silenciador, silencioso (veículo)
Murphy's law	Sod's law	lei de Murphy
musty	frowsty	viciado (ar)
mutual fund	unit trust	fundo mútuo (economia)

N

name for	to call after	dar a recém-nascido o nome de alguém
napkin	napkin, serviette	guardanapo
National Welfare	National Insurance	Previdência Social

INGLÊS AMERICANO	INGLÊS BRITÂNICO	PORTUGUÊS
navy yard	(navy) dockyard	estaleiro
near sighted	shortsighted	míope
neat, straight	neat (drink)	bebida pura, sem mistura
neighborhood	district	bairro
nerve	neck	petulância, audácia, atrevimento
net lease	repairing lease	aluguel mais despesas
new math	modern maths	matemática moderna (ensino)
news dealer	news agent	jornaleiro de banca de jornais
newscaster	newsreader	locutor, apresentador de noticiário
(newspaper) clipping	(newspaper) cutting	recorte de jornal
newsstand	paper shop	banca de jornais
next block	beyond the next turning	próximo quarteirão
night depository	night safe	caixa eletrônico para depósitos bancários noturnos
night stick	truncheon	cassetete
nipple	teat	bico de mamadeira
no answer	no reply	não atende (telefone)
no billboards	no hoarding	proibido colocar cartazes
no through trucks	except for access	tráfego de caminhões permitido apenas para entrega
nominate	to adopt	indicar candidato político
nonpareil, sprinkles	hundreds and thousands	confeitos coloridos (confeitaria)
normal, 20-20 vision	six over six	visão normal
nonprofit	non-profit-making	sem fins lucrativos
notebook	exercise book	caderno de exercícios
notions, furnishings	haberdashery	armarinho, aviamentos
nursery	garden centre	loja de plantas e equipamentos para jardins
nursing bottle	feeding bottle	mamadeira

O

oarlock	rowlock	forqueta náutica
observation desk	spectator's terrace	terraço de aeroporto
obstacle course	assault course	pista de obstáculos para exercícios

INGLÊS AMERICANO	INGLÊS BRITÂNICO	PORTUGUÊS
odd ball	odd fish	pessoa excêntrica, esquisita
odometer	mileometer	odômetro
off the rack	off the peg	roupa pronta
off the record	not for publication	extra-oficialmente
off-Broadway theater	fringe theatre	teatro de periferia
Office (dentist's, doctor's)	surgery	consultório médico, dentário
office building	office block	prédio de escritórios
oil cloth	American cloth	encerado (tecido)
oil pan, crank case	sump	cárter (veículo)
okra, gumbo	okra	quiabo
old people's home	alms house	asilo de idosos
olive oil	sweet oil	azeite de oliva
on probation	conditionally discharged	em liberdade condicional
one room apartment	bed-sitter	apartamento de quarto e sala, kitchenette
one way/lane	single track	via única (ferrovia)
one-shot	one-off	algo que acontece só uma vez
one-way ticket	single ticket	bilhete de ida
on-ramp	slip road	rampa de acesso (rodovia)
operating room nurse	theatre sister	enfermeira de sala cirúrgica
operating room/theater	operating theatre	sala cirúrgica
operator	telephonist	telefonista
orchestra	stalls	platéia (teatro)
ordinary, high-wheeler	penny farthing	bicicleta que tem a roda dianteira maior que a traseira
orientate	orient	orientar
out house	privy	privada no quintal
out of bed	up	fora da cama, de pé
outdoor painting	external painting	pintura externa (casa, edifício)
outlet, socket, plug-in	(power) point, socket	tomada (eletricidade)
overalls	bib and brace, dungarees	macacão tipo jardineira (vestuário)
overhead	overheads	dinheiro gasto em manutenção
overleaf, overpass	flyover	pontilhão em cruzamento de estradas
overshoes, rubbers	galloshes	galochas
overside	overboard	para dentro da água pela borda de navio/barco

P

INGLÊS AMERICANO	INGLÊS BRITÂNICO	PORTUGUÊS
pacifier	dummy	chupeta
package freight	part loads	frete de pacotes
package tour	packet holiday	pacote turístico
packet	parcel	pacote
paddle	bat	raquete de pingue-pongue
paddy/patrol wagon	black Maria, panda car	camburão (polícia)
paid political broadcast	party-political broadcast	propaganda política paga (TV, rádio)
pain reliever	persomnia tablets, pain reliever	analgésico
pancake turner, slotted spatula, spatula	fish-slice	espátula para frituras
panel truck	delivery van	caminhonete de entrega
panties	knickers	calcinhas
pants, slacks	trousers	calças
pants suit	trouser suit	terno de mulher
panty hose	tights	meia-calça
paraffin	white wax	parafina
Parcheesi	Ludo	jogo de gamão, ludo
parentheses	brackets, round brackets	parêntesis
parimutuel machine	tote	máquina com número de apostas em cada cavalo (turfe)
parka	anorak	anoraque, agasalho três-quartos com capuz
parking brake	handbrake	freio de mão (veículo)
parking light	sidelight	luz de estacionar (veículo)
parking lot/place/garage	car park	estacionamento para veículos
parking space	parking bay	vaga de estacionamento
parlay	accumulator, double up	acumulada (aposta)
parlay	to double up	dobrar aposta, fazer uma acumulada
parlor car	pullman	carro *pullman* (ferrovia)
parlor pink	armchair socialist	esquerdista festivo
parquet circle	grand circle	frisa (teatro)
part	parting	risca de cabelo
pass	to overtake	ultrapassar veículo (trânsito)
passing grade	pass	nota mínima para passar em exame

INGLÊS AMERICANO	INGLÊS BRITÂNICO	PORTUGUÊS
past, after	past	e, depois (depois da hora) (*ten after/past ten* = dez e dez)
patch, button, pin, badge	badge	distintivo usado na lapela
patrol car	mobile police	patrulha motorizada
patrol/paddy wagon	black Maria, panda car	camburão (polícia)
patrolled	under observation	moradia sob proteção policial
paved road	sealed road	via/estrada pavimentada
pay envelope	pay packet	envelope de pagamento
payroll	wages sheet	folha de pagamento
peddle boat	pedalo	pedalinho
pedestrian underpass	subway	passagem subterrânea para pedestres
pen pal	pen friend	amigo por correspondência
penitentiary	prison	penitenciária
pension benefits	pension cover	benefícios de aposentadoria
pentobarbital	pentobarbiton sodium	pentabarbitúrico
pepperbox	pepper pot	pimenteiro de mesa
perfume	scent, perfume	perfume
period	full stop	ponto final (pontuação)
periodical room	news room	sala de periódicos em biblioteca
persnickety	pernickety	pernóstico, cheio de nove horas
personal	private	confidencial (correspondência)
person-to-person call	personal call	chamada telefônica de pessoa a pessoa
pet peeve	pet hate	qualquer coisa que detestamos
petty thief	spiv	malandro, sujeito que vive de expediente
pharmacist, druggist	dispenser, dispensing chemist, chemist	farmacêutico
phenobarbital	phenobarbitone	fenobarbital (medicina)
phone, call	to ring up	fazer chamada telefônica
phonograph	gramophone	toca-discos, vitrola
picot	pearl, purl	arremate de pequenos biquinhos em renda, fitas etc.
pie pan	flan tin	fôrma para torta (culinária)
pig pen/sty	pig sty	chiqueiro
pile-up-on-the-freeway	multiple mash	engarrafamento na estrada
pilot light	pilot lamp	lâmpada-piloto, de controle
pin, button, patch, badge	badge	distintivo usado na lapela
ping	to pink	bater os pinos (motor de veículo)

INGLÊS AMERICANO	INGLÊS BRITÂNICO	PORTUGUÊS
pinwheel	windmill	cata-vento
pipe fitter	gas fitter	encanador de gás
pit	stone	caroço de fruta; descaroçar
pitcher	jug	jarra
platform truck	electric trolley	carrinho elétrico de plataforma (ferrovia)
play dough	plasticine	argila colorida para uso escolar
play hooky	to play truant	matar aula, fazer gazeta
play house	Wendy house	casinha de brinquedo
plexiglass	perspex	plástico forte usado em lugar de vidro
plows	plough	arado
plug-in, outlet, socket	(power) point, socket	tomada (eletricidade)
plurality	relative majority	maioria simples de votos
pneumatic drill	jackhammer	britadeira
points	penalty points	pontos por infração cometida no trânsito
police blotter	charge sheet	boletim de ocorrências policiais
policeman	constable	guarda, policial
polling place	polling station	zona eleitoral
pollywog	tadpole	girino
polo shirt	polo	camisa polo
pommel	to pummel	dar socos com as duas mãos, repetidamente
pommel horse	vaulting horse	cavalo de pau (ginástica)
pompier hatchet	small ax	machadinha de bombeiro
pompier ladder	hook ladder	escada de bombeiros
pool room, billiards parlor/ saloon	pool/billiard room	salão de bilhar
poorhouse	workhouse	asilo de pobres que trabalham em troca de alojamento
popsicle	iced lolly	picolé
porch	veranda	varanda
pork and beans	beans and bacon	feijão com bacon
pork rinds	scratchings	torresmo em tiras
porta crib, baby carrier	carry cot	moisés, cesto de carregar bebê
pot glove, pot holder	oven cloth, oven glove	pegador de panela
potato chips	crisps	batata palha (culinária)
powdered sugar, confectioner's sugar	icing sugar	açúcar de confeiteiro
power failure	power cut	falta de energia elétrica

INGLÊS AMERICANO	INGLÊS BRITÂNICO	PORTUGUÊS
practice game, warm up	knock up	aquecimento (tênis)
preferred stock	preferred shares	ações preferenciais (economia)
prenatal	antenatal	pré-natal
pre-school	nursery school	pré-primário (escola)
preserve, can	to bottle	preparar alimentos em conserva
president	managing director	diretor geral
president	chairman	presidente de companhia (comercial/industrial)
president	vice-chancellor	reitor de universidade
pressure	to pressurise	pressionar usando de influência
preventer	ceiling hook	picareta (de bombeiro)
price control	resale price maintainance	controle de preços
prime-time television	peak-viewing-time	horário nobre de televisão
principal	headmaster	diretor de escola de ensino primário e secundário
printing	impression	edição
prison warden, warden	prison governor, governor	diretor de presídio
private eye	private detective	detetive particular
private line	exclusive line	linha particular (telefone)
private school	public school	escola particular
proctor	invigilator	inspetor de alunos
proctor	to invigilate	vigiar alunos durante prova
producer	theatrical manager	produtor teatral
professional pallbearer	mute	carpideira profissional
programmed instruction	programmed learning	instrução programada
promenade	parade	calçadão, conjunto de lojas em rua, galeria
proof reader	subeditor	copidesque
propane gas	Calor gas	gás liquefeito de butano
prune wrapped in bacon	angels-on-horse-back	ameixa seca envolta em bacon
pruning shears	secateurs	tesoura de podar
public pool	lido	piscina pública
public school	state school	escola pública, do governo
public transportastion	public transport	transporte público
puff sleeve	balloon sleeve	manga bufante (vestuário)
pullman, sleeper	sleeping car	vagão-leito (ferrovia)
pull-off	lay-by	acostamento em estrada
punch	to clip	perfurar bilhete

INGLÊS AMERICANO	INGLÊS BRITÂNICO	PORTUGUÊS
punch(ing) bag	punch ball	saco de couro para treino de pugilista
purse	handbag	bolsa de mulher
push-up	press-up	flexão (ginástica)
put oneself out to	to lay oneself out to	esforçar-se
put to sleep	to put down	sacrificar animal doméstico
putter	potter	trabalhar sem objetivo/pressa, andar muito devagar, perambular

Q

INGLÊS AMERICANO	INGLÊS BRITÂNICO	PORTUGUÊS
quarter note	crotchet	semínima (música)
queasy	queer	indisposto
quiet down	to quieten	acalmar, pacificar
quonsent hut	nissen hut	edifício militar, metálico, semicircular e pré-fabricado

R

INGLÊS AMERICANO	INGLÊS BRITÂNICO	PORTUGUÊS
race car	racing car	carro de corrida
racetrack	racecourse	pista de corrida de cavalos
radio (set)	wireless (set)	aparelho de rádio
radioactive dating	carbon dating	datação por carbono
rad-waste	radioactive waste	lixo radioativo
railroad	railway	estrada de ferro
railroad station	railway station	estação ferroviária
railroader	railwayman	ferroviário
rain barrel	water butt	barril coletor de água de chuva
rain out	to rain off	cancelar/adiar devido à chuva
raincheck	postponement	adiamento
raincoat	mackintosh, raincoat	capa de chuva
raise	rise	aumento de salário
raise one's hat	to tip one's hat/lid	cumprimentar com o chapéu
rambunctious	rumbustious	barulhento, indisciplinado
rappel	to abseil	descer montanha íngreme com cordas, *rappel*
rare	underdone	malpassado (culinária)
real estate	property	propriedade (terras)

INGLÊS AMERICANO	INGLÊS BRITÂNICO	PORTUGUÊS
real estate development	estate	loteamento
realtor	estate agent	corretor de imóveis
rear-view mirror	driving mirror	espelho retrovisor (veículo)
recap	to retread/remould	recauchutar pneu
receding chin	shotaway chin	queixo ágnoto
recess	break	intervalo/recesso escolar
reformatory, reform school	borstal, remand home	reformatório de delinqüentes juvenis
refrigerator-freezer	fridge-freezer	geladeira duplex
registered mail	registered post	correspondência registrada
regular mail	ordinary mail	carta simples (correios)
rejigger	to rejig	rearrumar, rearranjar, suprir com novo equipamento
religious order	fraternity	ordem religiosa
remote sewage disposal line	long sea outfall	emissário marítimo (esgoto)
rent	to let	alugar imóvel
rental car	drive yourself car, self-drive car	carro de aluguel
repair	to mend	consertar
required reading	set book	leitura para exame
requisition	indent	requisição de abastecimento
reservation	reserve	reserva ecológica
resident physician, intern	houseman, registrar	médico residente
resident student	boarder	aluno interno, de internato
restroom, comfort station	public convenience	banheiro público
resumé, career	curriculum vitae, CV, brief	currículo
retain a lawyer	to instruct a solicitor	contratar um advogado
retirement plan	pension plan	plano de aposentadoria particular
return mail	return post	pela volta do correio
review	revision	revisão de matéria
ride	lift	carona
right triangle	right-angled triangle	triângulo retângulo
rightward	rightwards	para a direita
road house	pull-in	bar de beira de estrada
road without speed limit	de-restricted road	estrada sem limite de velocidade
roadbed	permanent way	leito de ferrovia
roast	joint	peça de carne para assar
rock candy	rock	bastão de açúcar cândi
rod, staff	staff	vara de medição (agrimensura)

INGLÊS AMERICANO	INGLÊS BRITÂNICO	PORTUGUÊS
rodman	staffman	porta-mira (agrimensura)
roll call	call over	chamada de presença
roller coaster	big dipper, switchback	montanha-russa (diversão)
romaine lettuce	cos lettuce	alface romana
room and board	bed and board	casa e comida (pensão)
roomer	lodger	inquilino, pensionista
root beer float	black cow	bebida feita com sorvete e refrigerante de ervas e raízes
rotating conveyor (belt)	belt carousel, carrousel	esteira rolante para bagagem (aeroporto)
rough time	bad patch	mau pedaço, dificuldade
round-trip ticket	return ticket	bilhete, passagem de ida e volta
row, disorder	cafuffle, row	baderna
row boat	rowing boat	barco a remo
row house	terraced house	casa geminada dos dois lados
rubber cement	cow gum	cimento de borracha
rubbers, overshoes	galloshes	galochas
rubbing alcohol	surgical spirit	álcool cirúrgico
rug pad	underfelt	forro antiderrapante para tapete
rummage sale	jumble sale	bazar beneficiente de objetos usados
run	to stand	candidatar-se (política)
run	ladder	fio desfiado em meia ou malha
run away	to scarper	fugir, dar no pé
runway	game path	trilha de caça
rutabaga	swede	couve-rábano, rutabaga

S

safecracker	safebreaker	arrombador de cofres
safety island	island	ilha divisória (trânsito)
sales clerck	shop assistant	vendedor de loja
sales tax	purchase tax	imposto sobre consumo de mercadoria
saleslady	saleswoman	balconista, vendedora
salesroom	saleroom	salão de exposição de objetos, especialmente em leilão
salt marsh	saltings	salgadio

INGLÊS AMERICANO	INGLÊS BRITÂNICO	PORTUGUÊS
salt truck	gritter	caminhão que espalha sal nas ruas
sandbox	sandpit	chiqueirinho de areia (parquinho infantil)
sandtrap	bunker	buraco cheio de areia (golfe)
sanitarium	sanatorium	casa de repouso, hospital residencial
sanitary napkin	sanitary towel	absorvente higiênico
Saran wrap	cling film	filme transparente para embalagens
sass	to sauce	falar de maneira atrevida, insolente com os mais velhos
sassy, fresh	saucy, cheecky	atrevido
savings account	deposit account	conta bancária de poupança
Savings and Loan Association	Building Society	Banco Nacional de Habitação
scab	blackleg	fura-greve
scaffold	cradle, scaffold	andaime suspenso
scallion, green onion	spring onion	cebolinha verde
scalper	tout	cambista de bilhetes de teatro
schedule	time table	horário de partida e chegada (de trens, ônibus, aviões)
school crossing guard	lollipop man/woman	guarda de trânsito em saída de escola
school teacher	school mistress	professora de ensino secundário
school year	academic year	ano escolar
Scotch tape	sellotape	fita adesiva, tipo Durex
scratch line	scratch	linha de partida (esporte)
scratch pad	scribbling block/pad	bloco para rascunho
scratch paper	scrap paper	papel reutilizado para rascunho
scratch sheet	dope sheet	lista de barbadas (turfe)
scrub brush	scrubbing brush	escova para limpeza pesada
S-curve	double bend, S-bend	curva em S
seamstress	needle woman, seamstress	costureira
second floor	first floor	primeiro andar
Secretary of State	Foreign Minister	ministro das Relações Exteriores
security deposit	key money	pagamento, depósito adiantado de aluguel
sedan	saloon car	sedan, carro passeio de quatro portas

INGLÊS AMERICANO	INGLÊS BRITÂNICO	PORTUGUÊS
seed	pip	semente pequena
seedman	seedsman	negociante de sementes e artigos de horticultura
seeing eye dog	guide dog	cão guia de cego
self-rising flour	self-raising flour	farinha de trigo com adição de fermento
semester, term	term	semestre escolar
separate	off print	separata
serving dish	dish	travessa de servir (culinária)
serving spoon	table spoon	colher de servir
set the table	to lay the table	pôr a mesa
sewerage	drains	rede de esgoto doméstico
sexual assault	to interfere with	violentar sexualmente
shade	blind	persiana de janela
sharp	to sharpen	aumentar meio tom (música)
sheers, underdrapes	net curtains	cortinas transparentes
sherbet	ice, sorbet, water ice	picolé de frutas
shh	ssh	psiu (Silêncio!)
shift gears	to go up/down the gears	mudar a marcha (veículo)
shift of gears	gear change	mudança de marcha (veículo)
shine the shoes	to polish the shoes	engraxar os sapatos
shingle	name plate	tabuleta, placa (consultório, escritório etc.)
shirtwaist	shirtwaister	blusa ou vestido *chemisier*
shoestring, bootlace	bootlace, shoelace	cadarço de sapato
shop assistant	salesclerck	balconista
shopping bag	carrier bag	sacola de papel ou plástico para compras
shopping cart	shopping trolley	carrinho de supermercado
shopping mall	shopping precint	calçadão
shopworn	shop spoiled	gasto pelo manuseio e exposição em loja
short rations	short commons	prato feito de estudante
short subject	short film	filme de curta metragem
shorts	briefs, pants	cuecas
shot	jab, shot	injeção; agulhada
shreded coconut	dessicated coconut	coco ralado industrializado
shunting yard	marshalling yard	pátio de manobras (ferrovia)
sick note	aeger	atestado médico escolar
side mirror	wing mirror	espelho retrovisor externo (veículo)

INGLÊS AMERICANO	INGLÊS BRITÂNICO	PORTUGUÊS
side wheeler, stern-wheeler	paddle steamer	barco a vapor com rodas na popa
sideburns	sideboards	costeletas (barba)
side-by-side duplex	semi-detached house	casa semigeminada
sidetrack	shunt	movimentar trem de um trilho para outro, especialmente para um desvio
sidetrack, switch	siding, point (s)	desvio (ferrovia)
sidewalk	footpath, pavement	calçada, passeio
sidewalk café	pavement café	café com cadeiras na calçada
silent partner	sleeping partner	sócio comanditário (economia)
silents	silent film	filme mudo
silver anniversary	silver wedding	bodas de prata
silverware tray	plate basket	bandeja de prata
simpleton, simple minded	gaby, mental, simpleton	simplório
sink, washbowl	(wash) basin	pia de banheiro/quarto
sister-citied with	twin with	cidades irmãs
sixteenth note	semi-quaver	semicolcheia (música)
skating rink	ice rink	rinque de patinação
skilled mechanic	service engineer	técnico especializado
skillet	frying pan	frigideira
skirt	apron	saia de automóvel
slacks, pants	trousers	calças
sled	sledge	trenó
sleep late	to lie in	dormir até tarde
sleeper, pullman	sleeping car	vagão-leito (ferrovia)
slick	glossy	revista de luxo
slingshot	catapult	estilingue
slip cover	loose cover	capa de móveis
slot machine	fruit machine, one-armed bandit	máquina caça-níqueis
slotted spatula, spatula, pancake turner	fish-slice	espátula para frituras
slow lane	nearside lane	faixa de baixa velocidade (trânsito)
slowdown	go-slow	operação tartaruga
slowpoke	slowcoach	moleirão, molenga, lerdo
small fruit	soft fruit	frutas pequenas que crescem em arbustos
small potatoes	small beer	bagatela, arraia miúda, pessoa ou coisa sem importância

INGLÊS AMERICANO	INGLÊS BRITÂNICO	PORTUGUÊS
smoke stack	funnel	chaminé de metal de máquinas a vapor
smoking room	smoke room	salão de fumar
snap, snap fastener, snaps	popper, press studs	botão de pressão
sneakers, tennis shoes	training shoe, plimsoles, gym shoes	tênis (calçado)
snedding machine	knotting machine	máquina de alisar tronco de árvore
snicker, snigger	to snigger	riso contido/abafado
snow pea	mangetout	ervilha manteiga/torta
soap powder, laundry soap	washing powder	sabão em pó
soccer	(association) football	futebol
sociable	social	reunião social de um grupo em clube, igreja
socket wrench	box spanner	chave de soquete, tubular
socket, outlet	power point, point	tomada (eletricidade)
soda	fizzy drink	água gasosa, bebida gasosa
solitaire	patience	paciência (baralho)
sonnetize	sonnet	escrever sonetos
sound truck	loudspeaker van	veículo com alto-falante ou megafone
sour cream	souered cream	creme de leite azedo
spark plug	sparkling plug	vela de ignição
spatula, slotted spatula, pancake turner	fish-slice	espátula para frituras
special delivery	express post	entrega rápida (correio)
specialist	jobber	corretor da Bolsa de Valores
specialty	speciality	especialidade
speed bump	sleeping policeman	lombada, quebra-mola (trânsito)
spigot, faucet, tap	tap	torneira
spit curl	kiss curl	pega-rapaz (penteado)
splash guard, fender	wing, mudflap	pára-lama (veículo)
splotch	splodge	borrão de substância espessa e não absorvida
spool	cotton reel	carretel de linha
sport	sports	esportivo
sportcast	sports broadcast	noticiário esportivo
spray gun	garden syringe	pistola de pulverização
spring scale	spring balance	balança de mola
sprinkles, nonpareil	hundreds and thousands	confeitos coloridos (confeitaria)

INGLÊS AMERICANO	INGLÊS BRITÂNICO	PORTUGUÊS
square knot	reef knot	nó duplo
squash	marrow	abóbora
squirt gun, water pistol	water pistol	pistola de água
staff, rod	staff	vara de medição (agrimensura)
standing room	terraces	lugares em estádio para espectadores em pé
stare down	stare out	obrigar alguém a abaixar os olhos, olhando fixamente
starting gate	starting stalls	barreira mecânica (corrida de cavalos)
State Department	Foreign Office	Ministério das Relações Exteriores
state evidence	king's/queen's evidence	depoimento em favor da acusação
station	to post	colocar soldados em pontos específicos
station wagon	estate car	perua (veículo)
station window	position	guichê de banco, correio
stationmaster	station foreman	chefe de estação (ferrovia)
statutory law	statute law	leis estabelecidas pelo Parlamento ou similares
steaks and chops	grills	churrascaria
steam roll	steam roller	compressor, rolo compressor
steam shovel	steam navvy	escavadeira a vapor
stein	tankard	copo com tampa para cerveja
stenographer	shorthand typist	taquígrafa, estenógrafa
stereo system	music centre	aparelho de som estereofônico
stern-wheeler	paddle steamer	barco a vapor com rodas na popa
stewardess	air hostess	aeromoça
still hunting	stalking	caça ao gamo na reserva
stock certificate	share certificate	certificado/título de ações
stock company	joint stock company	empresa/companhia de acionistas
stock dividend	bonus	dividendo de ações
stockbroakerage	stockbroking	corretagem em Bolsa de Valores
stockbroker	stockjobber	corretor intermediário da Bolsa de Valores
stockcar	cattle truck	vagão para animais (ferrovia)
stockholder	shareholder	acionista

INGLÊS AMERICANO	INGLÊS BRITÂNICO	PORTUGUÊS
stocking cap	jelly-bag	gorro de malha
stocks	shares	ações (finanças)
stool pigeon	nark	alcagüete
stop at	to call at	fazer escala, parada (navio, trem, ônibus)
stop lights, traffic signals	traffic signal	semáforo
Stop!	Halt!	Pare! (uma ordem)
storage/lumber room	box/lumber room	quarto de despejo
store	shop	loja
stove	cooker	fogão
straight, neat	neat (drink)	bebida pura, sem mistura
straight ahead	straight on	sempre em frente
straight man	feed	escada (ator que contracena com comediante em teatro)
straight razor	cutthroat	navalha
straighway	straight	reta em pista de corrida
straw hat	boater	palheta (tipo de chapéu)
strawman	Aunt Sally	saco de pancadas, testa de ferro, pessoa, instituição ou idéia alvo de críticas, insultos
street car	tram	bonde
street cleaner	road sweeper	gari, varredor de rua
Street Cleaning Service	Cleaning Department	Serviço de Limpeza Pública
street walker, hooker, tramp, call girl	whore, prostitute, tart	prostituta
stretch coveralls	babygrows	macacão de bebê
strip mining	open cast mining	mineração de superfície
stub	stump	canhoto de carnê, cheque
student driver	L-driver	aprendiz de motorista
student teaching	teaching practice	período de lecionar como estagiário
stuffiness	fug	ar viciado
subs advance payment	subsistence allowance	adiantamento de salário
subscribe	to take in a subscription	assinar jornal/revista
subsidiary	daughter concern	companhia subsidiária
substitute teacher	supply teacher	professor substituto (ensino primário e secundário)
subway, metro	tube, underground	metrô
sue someone	to bring an action	processar alguém, mover ação contra
sugar bowl	sugar basin	açucareiro

INGLÊS AMERICANO	INGLÊS BRITÂNICO	PORTUGUÊS
suma cum laude	cum laude	*suma cum laude*
sunburst pleats	sunray pleats	*plissê soleil* (costura)
Sunday opening	Sunday trading	abertura do comércio aos domingos
super	mull	tecido usado em encadernação
super highway, throughway, freeway	motorway	estrada de rodagem
surgical dressing	lint	gaze cirúrgica
suspenders, garters	suspenders, braces	suspensórios
swan dive	swallow dive	salto de anjo (natação)
sweater	jumper	suéter
sweet butter	fresh butter	manteiga fresca sem sal
sweet roll	bun	tipo de pãozinho doce
swindle	fiddle, swindle	trapaça; trapacear
swing shift	evening work shift	turno de trabalho das 16h às 20h, ou entre o turno diurno e o noturno
switch blade	flick knife	canivete automático
switch, sidetrack	siding, point (s)	desvio (ferrovia)
switchman	pointman	agulheiro (ferrovia)
synchronized traffic lights	linked signals	semáforos sincronizados

T

tab, (can) tab	ring pull	anel em latas (para abri-las)
table d'hôte	set meal	cardápio fixo, sugestão da casa (restaurante)
tag	label	etiqueta
tag day	flag day	dia de angariação de fundos nas ruas (caridade)
tailgate	tailboard	porta de carroceria de caminhão
take to one's bed	to lie up	ficar de cama
talk show	chat show	programa de entrevistas (rádio, televisão)
tall tale	tall story	história exagerada
tantrum	paddy whack	chilique
tap, faucet, spigot	tap	torneira
taps	last post, taps	toque de recolher
tax payer	rate payer	contribuinte (imposto)

INGLÊS AMERICANO	INGLÊS BRITÂNICO	PORTUGUÊS
taxi stand	cab rank	ponto de táxi
tea cart	tea trolley	carrinho de chá
teacher's college	training college	faculdade de educação (ensino superior)
tearoom	teashop	salão de chá
teeter-totter	see-saw	gangorra
telephone booth	kiosk (telephone, cigarette)	cabine telefônica
telephone repair department	faults and services	seção de telefones com defeito
teller	cashier	caixa de banco (funcionário)
temple	arm	haste de óculos
temporary mailing address	accomodation address	endereço para correspondência
tennis shoes, sneakers	training shoe, plimsoles, gym shoes	tênis (calçado)
tenpins, bowls	lawn/tenpin bowling	boliche
term, semester	term	semestre escolar
terrycloth robe	toweling robe	roupão felpudo
thank you ma'm, bump	ramp, sleeping policeman	quebra-mola, obstáculo (trânsito)
thermionic tube	thermionic valve	válvula termiônica
thin down	to fine/thin down	diluir
thinning shears	thinning scissors	tesoura de desfiar cabelo
third class mail	printed paper rates	tarifa de impressos (correio)
third rail, live rail	conductor rail	trilho condutor (ferrovia)
thongs	flip-flop	sandália tipo *havaiana*
thread	cotton	linha para costura
three wheel motorcycle	combination	motocicleta com *sidecar*
throughway, freeway, super highway	motorway	estrada de rodagem
throw out	to turf out	expulsar
thumb a ride	to thumb a lift	pedir carona, conseguir carona
thumb tack	drawing pin	tachinha
ticket agent	ticket clerk	bilheteiro (ferrovia)
ticket agent	booking officer	pessoa que vende entradas
ticket office	booking office	bilheteria (teatro, estádio etc.)
ticket stamping machine	ticket printing machine	máquina de emitir bilhetes
tick-tack-toe, criss-cross	noughts and crosses	jogo-da-velha
tidbit	titbit	salgadinho
tie	sleeper	dormente (ferrovia)
tie bar	track rod	tirante (automóvel)
Tiffany setting	claw setting	tipo de garra (ourivesaria)
tight	mean	miserável, pão-duro

INGLÊS AMERICANO	INGLÊS BRITÂNICO	PORTUGUÊS
timberman, lumberer	forest labourer, woodman	lenhador
time card	time sheet	cartão de ponto
time off	remission	redução de pena (presídio)
time signal	speaking clock	serviço de hora certa pelo telefone
tin shears	snips	tesoura para metais
tissue	paper handckerchief	lenço de papel
toady, apple polisher	toady	bajulador
tobacconist, cigar store	tobacconist	tabacaria
toddler	ankle-biter	bebê que engatinha
toilet kit	sponge bag	sacolinha para artigos de toalete, de banho
toilet, bathroom, john	lavatory, toilet, loo, W.C.	banheiro
token rent	peppercorn rent	aluguel simbólico
tollfree number	free phone	discagem gratuita (telefonia)
tomato paste	tomato purée	massa de tomate
tongue depressor	spatula	espátula para abaixar língua (medicina)
tonic water	quinine water	água tônica
tons of	masses of	um colosso de, muito de
top	roof	capota, topo (veículo)
tornado	whirlwind	furacão
tough luck	hard lines	azar
toward	towards	em direção a
track	to tread	deixar rastros/pegadas no chão
track	stream	divisão de uma classe escolar pela habilidade dos alunos
track and field	athletics	atletismo
track socket	chair	coxim de trilho (ferrovia)
track walker	linesman	guarda-linha (ferrovia)
trackman	platelayer	assentador de trilhos (ferrrovia)
trade in	give in part exchange	dar de entrada como parte de pagamento
trade-in	part-exchange	pagamento feito parte em dinheiro, parte em espécie
traffic circle	roundabout	rotatória (trânsito)
traffic control	point duty	cabine de controle de trânsito
traffic jam	traffic block	engarrafamento de trânsito
traffic officer	traffic warden	guarda de trânsito
traffic post	bollard	cilindros para impedir trânsito de veículos

INGLÊS AMERICANO	INGLÊS BRITÂNICO	PORTUGUÊS
traffic signals, stop lights	traffic signal	semáforo
trailer truck	articulated lorry	jamanta
trailer/camper/mobile/ motor home	(motor) caravan	trailer
tramp, call girl, hooker, street walker	tart, prostitute, whore	prostituta
transit system	transport system	sistema de transporte
transmission	gear box	caixa de câmbio (veículo)
transom (window)	fanlight	bandeira de porta ou janela grande
transport	transportation	condução
trapezium	trapezoid	quadrilátero sem nenhum lado paralelo
trapezoid	trapezium	quadrilátero com apenas dois lados paralelos
trash bag	bin liner	saco de lixo
trash, garbage	rubbish	lixo
travel expenses	travelling expenses	despesas de viagem a serviço, pagas pelo empregador
travelling show	mobile production	espetáculo itinerante
trial lawyer	barrister	advogado causídico, defensor de causas
trial, dry run	dummy run	treino militar sem munição, ensaio, tentativa
triangle	set square	régua triangular
truck	lorry	caminhão
truck driver's all night diner	transport café	restaurante 24 horas em beira de estrada
truck farm	market garden	chácara
trucker	market gardener	chacareiro
truckman	haulier	caminhoneiro
trump	trumps	naipe de trunfo (baralho)
trundle bed	truckle bed	cama interna de uma bicama
trunk	boot	porta-malas (veículo)
turnaround,	turnround	tempo gasto em receber e desembarcar mercadoria
turtle neck	polo neck	gola olímpica
tussah	tussore	*tussor* de seda (tecido)
tuxedo	dinner jacket	traje masculino de gala para jantar, *smoking*
TV	telly	tevê

INGLÊS AMERICANO	INGLÊS BRITÂNICO	PORTUGUÊS
twenty-one	pontoon	vinte-e-um (baralho)
twenty-twenty, 20-20, normal	six over six	visão normal (oftalmologia)
two weeks	fortnight	quinzena
typo	literal	erro de impressão, erro gráfico

U

undercoat	underseal	camada de tinta anticorrosiva em veículos
underdrapes, sheers	net curtains	cortinas transparentes
underhand	hole-and-corner	sorrateiro
undershirt	vest	camiseta
underwear	smalls	roupa íntima feminina
unemployment pension	unemployment benefit	auxílio desemprego
union protest activity	industrial action	movimento grevista
unit suit	combinations	peça íntima de lã tipo macacão
university catalog	calender	catálogo de cursos universitários
university entrance exams	advanced level (A-level)	exame para ingresso em faculdade
unlisted (number)	ex-directory	número de telefone não listado
upright telephone	candlestick telephone	telefone de coluna
upscale	upmarket	relativo a bens de consumo para classes privilegiadas

V

vacant lot	spare ground	terreno baldio
vacation	holiday	férias
vacationer	holiday maker	veranista
vacuum cleaner	hoover	aspirador de pó
vacuum flask	vacuum bottle	garrafa térmica
vacuum/electron tube	valve	válvula eletrônica
valence	pelmet	sanefa
valence	valency	valência (química, biologia)
valve-in-head engine	overhead-valve engine	motor com válvula no cabeçote
vapor trail	contrail	fumaça expelida no céu por avião

INGLÊS AMERICANO	INGLÊS BRITÂNICO	PORTUGUÊS
variety meat	offal	miúdos de animal (açougue)
variety store	haberdashery	loja de armarinho, aviamentos
vent block	air-brick	tijolo perfurado
venture capital	risk capital	capital de risco
vest	waiscot	colete
veteran	ex-service man	veterano das Forças Armadas
veterinarian	veterinarian surgeon	veterinário
vibraharp	vibraphone	vibrafone
void contract	nude contract	contrato invalidado por não conter todas as formalidades
voting booth	polling booth	cabine de votação

W

INGLÊS AMERICANO	INGLÊS BRITÂNICO	PORTUGUÊS
wage control	pay policy	acordo salarial
wage-worker	wage earner	assalariado
walking stick	stick insect	inseto sem asas
wall to wall carpet	fitted carpet	carpete
wanted ad	classified ad	anúncio classificado (jornal ou revista)
warden, prison warden	prison governor, governor	diretor de presídio
warm up, practice game	knock up	aquecimento (tênis)
wash up	to wash one's hands	lavar-se
washbowl, sink	(wash) basin	pia de banheiro ou quarto
washer	washing machine	máquina de lavar roupa
washing rag	face flannel, facecloth	esfregão de banho
wastebasket	waste-paper basket	cesto para papel
watchband, watchstrap	watchstrap	correia de relógio de pulso
water back	back boiler	serpentina para aquecer água
water fountain	drinking fountain	bebedouro
water heater	geyser	aquecedor de água a gás
water heater	immersion heater	aquecedor de água elétrico
water mattress	lilo	colchão de ar
waterfinder	water diviner	pessoa que localiza água subterrânea
watering cart	water cart	caminhão de lavar a rua
watering pot	watering can	regador
water pistol, squirt gun	water pistol	pistola de água
Weather Bureau	Meteorological Office	Instituto de Meteorologia

INGLÊS AMERICANO	INGLÊS BRITÂNICO	PORTUGUÊS
weather stripping	draught excluder	tira de metal (ou outro material) para calafetar porta e janela
wheel chair	invalid/wheel chair	cadeira de rodas
whimper, whine	to grizzle	choramingar
whine, whip	cane	vara (para vergastar)
whole cream	full cream	creme de leite integral
whole wheat	wholemeal	farinha de trigo integral
whole wheat bread	brown bread	pão de trigo integral
whole-note	semi-breve	semibreve (música)
windbreaker	windcheater	blusão, jaqueta contra o vento
window roller	window winder	maçaneta de janela de veículo
windshield	windscreen	pára-brisa (veículo)
wino	wine bibber	beberrão de vinho
wire	telegram	telegrama
with or without?	black or white?	com leite ou sem?
withholding tax	P.A.Y.E. (pay as you earn)	imposto de renda retido na fonte
witness stand	witness box	banco de testemunhas
work by the book	work-to-rule	fazer greve branca
work coat	overall	guarda-pó, avental tipo capa
workday	working day	dia útil
wrench, monkey wrench	spanner	chave inglesa, chave de boca
wrist pin	gudgeon pin	pino de cruzeta (mecânica)

Y

yard	garden	jardim de casa
you are welcome	not at all	de nada, sempre às ordens

Z

Zee	zed	z (a letra z)
zero	nought	zero
zip code	postal code	CEP (código de endereçamento postal)
Zipper	zip (fastener)	zíper, feixo éclair
zucchini	courgette	abobrinha

INGLÊS BRITÂNICO
INGLÊS AMERICANO
PORTUGUÊS

A

INGLÊS BRITÂNICO	INGLÊS AMERICANO	PORTUGUÊS
abc	**abc's**	rudimentos de um assunto, abecedário
about	**around**	por aí, por aqui
about turn	**about face**	meia-volta, volver!, mudança de opinião, de direção
abseil	**to rappel**	descer montanha íngreme com cordas, *rappel*
academic year	**school year**	ano escolar
academicals	**cap and gown**	beca e capelo, vestes talares
accelerator	**gas pedal**	acelerador (veículo)
access card	**ATM card**	cartão eletrônico (bancário)
accident tout	**ambulance chaser**	rábula, advogado medíocre, advogado de porta de cadeia
acclimatise	**to acclimate**	aclimatar
accomodation address	**temporary mailing address**	endereço para correspondência
accounts department	**accounting department**	departamento de contabilidade
accumulator	**battery**	bateria (eletricidade)
accumulator, double up	**parlay**	acumulada (aposta)
action replay	**instant replay**	*replay* instantâneo (TV)
active service	**active duty**	ativa (militar)
adopt	**to nominate**	indicar candidato político
adult education	**continuing education**	educação para adultos fora do sistema escolar
advanced level (A-levels)	**university entrance exams**	exame para ingresso em faculdade
aeger	**sick note**	atestado médico escolar
aerial	**antenna**	antena de rádio, televisão
afters, pudding, dessert, sweets	**dessert**	sobremesa
AGM	**annual meeting**	reunião de clube ou empresa para eleições, prestação de contas
agony aunt	**advice columnist**	consultor sentimental (em revista ou jornal)
air hostess	**stewardess**	aeromoça
air-brick	**vent block**	tijolo perfurado
airscrew	**airplane propeller**	hélice de avião
alcoholic cider	**hard cider**	sidra de maçã fermentada

INGLÊS BRITÂNICO	INGLÊS AMERICANO	PORTUGUÊS
All Fool's Day	**April Fool's Day**	primeiro de abril
all round	**all around**	capacitado para muitas coisas, especialmente esportes
alms house	**old people's home**	asilo de idosos
alpha	**A+**	nota máxima, nota dez
Alsatian	**German shepard**	cão pastor alemão
aluminium	**aluminum**	alumínio
American cloth	**oil cloth**	encerado (tecido)
amount carried forward	**carry forward amount**	quantia a transportar, transporte (contabilidade)
amusement arcade	**amusement parlor**	fliperama
anaesthetist	**anesthesiologist**	médico anestesista
angel cake	**angel food cake**	pão-de-ló
angels-on-horse-back	**prune wrapped in bacon**	ameixa seca envolta em bacon
ankle-biter	**toddler**	bebê que engatinha
anorak	**parka**	anoraque, agasalho três-quartos com capuz
antenatal	**prenatal**	pré-natal
antimonopolist	**antitrust**	antitruste
anywhere	**anyplace**	em qualquer lugar
appendicectomy	**appendectomy**	apendectomia
apple purée	**apple sauce**	purê de maçã
appointment	**assignment**	incumbência, encargo
apron	**skirt**	saia de automóvel
aquashow	**aquacade**	show aquático
area	**areaway**	espaço rebaixado para iluminar porão
arm	**temple**	haste de óculos
armchair socialist	**parlor pink**	esquerdista festivo
arrears of pay/salary	**back pay/salary**	pagamento de salários atrasados
arterial road	**main road**	estrada principal, preferencial
articulated lorry	**trailer truck**	jamanta
arty-crafty	**artsy-craftsy**	pretensiosamente artístico
assault course	**obstacle course**	pista de obstáculos para exercícios
assessor	**adjuster**	inspetor de seguros
(association) football	**soccer**	futebol
assurance	**insurance**	seguro de vida
at risk	**in danger**	em perigo
at the back	**in the back**	nos fundos da casa

INGLÊS BRITÂNICO	INGLÊS AMERICANO	PORTUGUÊS
athletics	**track and field**	atletismo
attendance centre	**juvenile affairs division**	centro de delinqüentes juvenis em liberdade condicional
attested milk	**certified milk**	leite inspecionado
aubergine	**egg plant**	berinjela
Aunt Sally	**strawman**	saco de pancadas, testa-de-ferro, pessoa, instituição ou idéia alvo de críticas, insultos
Autumn	**Fall**	outono

B

baby bouncer	**baby exerciser**	pula-pula (brinquedo infantil)
baby buggy, push chair	**baby stroller**	cadeirinha de empurrar bebê
babygrows	**stretch coveralls**	macacão de bebê
baby-walker	**go-cart**	andador (infantil)
back away	**to back off**	afastar-se (por medo ou repulsa)
back boiler	**water back**	serpentina para aquecer água
back chat	**back talk**	resposta malcriada
back street abortion	**back alley abortion**	aborto ilegal em condições precárias
backhander	**grafter**	suborno
bad hat	**bad egg**	mau elemento (pessoa)
bad patch	**rough time**	mau pedaço, dificuldade
badge	**button, pin, patch, badge**	distintivo usado na lapela
bag blue	**blueing**	anil, pedra de anil
baker's (shop)	**bakery**	padaria
baking tray	**baking sheet**	assadeira rasa (culinária)
ball point pen, biro	**ball point pen**	caneta esferográfica
balloon sleeve	**puff sleeve**	manga bufante (vestuário)
banana saddle	**banana seat**	selim alongado de bicicleta
bandage	**gauze**	gaze farmacêutica
bang on	**bang-up**	excelente
banger	**clunker**	máquina ou carro velho e dilapidado
bank holiday	**legal holiday**	feriado nacional
bank note, note	**bill**	cédula
banker's/postal order	**money (transfer) order**	ordem de pagamento, vale-postal

INGLÊS BRITÂNICO	INGLÊS AMERICANO	PORTUGUÊS
benefice, living	**benefice**	benefício eclesiástico
bap	**hamburger bun**	pão de hambúrguer
barber's hairdresser	**barber shop**	salão de barbeiro, barbearia
barbitone	**barbital**	veronal
bargee	**bargeman**	barqueiro
barrier	**gate**	portão, entrada de plataforma ferroviária
barrier, crossing keeper	**gateman**	guarda-cancela (ferrovia)
barrister	**trial lawyer**	advogado causídico, defensor de causas
barrow	**hand truck**	carrinho de carregador de bagagem (ferrovia)
barter	**to dicker**	pechinchar
basin	**sink**	pia de banheiro/quarto
bat	**paddle**	raquete de pingue-pongue
bath	**to bathe**	dar ou tomar banho
bath cube	**bath cake**	cubinhos de sais de banho
bathing costume	**bathing suit**	maiô
bazaar	**dime store**	loja de artigos baratos
beans and bacon	**pork and beans**	feijão com bacon
beck	**creek**	riacho
bed and board	**room and board**	casa e comida (pensão)
bedder	**annual**	planta anual
bed-sitter	**one room apartment**	apartamento de quarto e sala, kitchenette
beef tea	**bullion**	caldo de carne para doentes
beeper, pager	**bleeper**	bipe
beetroot	**beet**	beterraba
belt carousel, carrousel	**rotating conveyor (belt)**	esteira rolante para bagagem (aeroporto)
benefice, living	**benefice**	benefício eclesiástico
be rising	**to be going on**	estar chegando aos (x anos de idade)
bespoke	**custom tailored**	feito sob medida (vestuário)
betterment levy	**improvement assesment**	taxa de benfeitoria (imóvel)
beyond the next turning	**next block**	próximo quarteirão
bib and brace, dungarees	**overalls**	macacão tipo jardineira (vestuário)
bicarbonate of sodium	**baking soda**	bicarbonato de sódio (culinária)
big dipper, switchback	**roller coaster**	montanha-russa (diversão)

INGLÊS BRITÂNICO	INGLÊS AMERICANO	PORTUGUÊS
big noise	**big shot**	"figurão", pessoa importante
big wheel	**ferris wheel**	roda-gigante (diversão)
bill	**check**	conta (restaurante)
bill broker	**discounter**	agente de câmbio
bill of adventure	**bill of goods**	consignação de mercadoria
bill of quantity	**cost estimate**	orçamento de construção
billiard/pool room	**pool room, billiards parlor/ saloon**	salão de bilhar
bin liner	**trash bag**	saco de lixo
bint	**moll**	mulher de malandro, prostituta
bird	**chick**	namorada, garota
bird table	**bird feeder, bird bath**	tábua suspensa para alimentar pássaros
biro, ball point pen	**ball point pen**	caneta esferográfica
biscuit	**cookie**	bolacha doce
biscuit tin	**cracker barrel**	lata de biscoitos
black	**to go on sympathy strike**	fazer greve de apoio a outros grevistas
black cow	**root beer float**	bebida feita com sorvete e refrigerante de ervas e raízes
blackleg	**scab**	fura-greve
black Maria, panda car	**paddy/patrol wagon**	camburão (polícia)
black or white?	**with or without?**	com leite ou sem?
black pudding	**blood sausage**	chouriço
black spot sign	**accident spot**	perigo em rodovia
black trackle	**molasses**	melaço, melado
blighter, bloke	**character, guy**	cara, sujeito, tipo
blind	**shade**	persiana de janela
blind alley, cul-de-sac	**dead end street**	rua sem saída
blindfold	**blindfolded**	com venda/tampão nos olhos
block of flats	**apartment building**	prédio de apartamentos
block of ice	**ice cube**	cubinho de gelo
blocked	**high**	drogado
bloke, blighter	**character, guy**	cara, sujeito, tipo
bloomer	**blooper**	rata, erro grosseiro
blowlamp	**blowtorch**	maçarico
blue book	**legislative report**	relatório do governo
blue-eyed boy	**fair haired boy**	queridinho de alguém ou de um grupo
boarder	**resident student**	aluno interno, de internato

INGLÊS BRITÂNICO	INGLÊS AMERICANO	PORTUGUÊS
boat neck	**bateau neck**	decote canoa/*bateau*
boater	**straw hat**	palheta (tipo de chapéu)
bob	**bobber**	pessoa que anda em *bobsleigh/ bobsled* (tipo de trenó)
bobby	**cop**	guarda (polícia), tira
boiled sweets	**hard candy**	bala dura (confeitaria)
boiler suit	**coveralls**	macacão (vestuário)
bollard	**traffic post**	cilindros para impedir trânsito de veículos
bomb scare	**bomb threat**	aviso, ameaça de bomba
bone idle	**bone lazy**	muito preguiçoso
bonkers	**crazy**	pirado
bonnet	**hood**	capô (automóvel)
bonus	**stock dividend**	dividendo de ações
book	**to make reservations**	fazer reserva (teatro, hotel, restaurante)
booking office	**ticket office**	bilheteria (teatro, estádio etc.)
booking officer	**ticket agent**	pessoa que vende entradas
boot	**trunk**	porta-malas (veículo)
bootlace, shoelace	**bootlace, shoestring**	cadarço de sapato
borstal, remand home	**reformatory, reform school**	reformatório de delinqüentes juvenis
bottle	**preserve, can**	preparar alimentos em conserva
bottom	**foot**	fundo de um lugar
bottom drawer	**hope chest**	baú de enxoval de noiva
bottom gear	**low gear**	marcha lenta (veículo)
bottom of the street	**end of the street**	fim da rua
bounder	**boor**	pessoa grosseira, desagradável, inconveniente
bowler hat	**derby**	chapéu-coco
bowls	**lawn bowling**	boliche (jogo)
box/lumber room	**lumber/storage room**	quarto de despejo
box spanner	**socket wrench**	chave de soquete, tubular
braces, suspenders	**suspenders, garters**	suspensórios
brackets, round brackets	**parentheses**	parêntesis
brackets, square brackets	**brackets**	colchetes (sinal gráfico)
brain trust	**brains trust**	grupo de especialistas que fazem aconselhamento
brainwave	**brainstorm**	súbita idéia brilhante, estalo de Vieira

INGLÊS BRITÂNICO	INGLÊS AMERICANO	PORTUGUÊS
breakdown lorry/van	**breakdown crane/tow**	carro guincho
brakesman	**brakeman**	guarda-freios (ferrovia)
branch	**local**	filial de sindicato
brandy butter	**hard sauce**	glacê de manteiga, açúcar e conhaque
brawn	**headcheese**	*galantine* de porco (culinária)
break	**recess**	intervalo/recesso escolar
breeze block	**cinder block**	bloco de concreto e cinzas
bridge	**elevator**	parte elevadiça do palco
bridge roll	**hotdog bun**	pão de cachorro-quente
bridge school	**bridge foursome**	grupo de jogadores de *bridge*
bridging	**bolstering**	suporte, sapata
brief, curriculum vitae, CV	**resumé, carrier**	currículo
briefs, pants	**shorts**	cuecas
bring an action	**to sue someone**	processar alguém, mover ação contra
broad bean	**lima bean**	feijão lima
broken ranges	**broken sizes**	tamanhos misturados (em liquidação de roupas, calçados)
brown bread	**whole wheat bread**	pão de trigo integral
buffer	**bumper**	amortecedor, barra de pára-choques (ferrovia)
bug	**chinch**	percevejo (inseto)
bugbear	**bugaboo**	bicho-papão
builder's merchant	**building supply firm**	depósito de material de construção
Building Society	**Savings and Loan Association**	Banco Nacional de Habitação
bun	**sweet roll**	tipo de pãozinho doce
bunker	**sandtrap**	buraco cheio de areia (golfe)
burble	**to bubble**	borbulhar
burgle	**to burglarize**	roubar, assaltar um domicílio
butcher's	**butcher shop, butchery**	açougue
butter muslin, cheesecloth	**cheesecloth**	gaze de algodão (culinária)
buttonhole	**boutonniere**	flor de lapela
buttons, page, pageboy	**bellhop, bellboy**	mensageiro de hotel
bye-byes	**beddy-bye**	fazer naninha (infantil)

C

INGLÊS BRITÂNICO	INGLÊS AMERICANO	PORTUGUÊS
cab rank	**taxi stand**	ponto de táxi
cabinet minister	**cabinet officer**	ministro
cafuffle, row	**row, disorder**	baderna
cake tin	**cake pan**	fôrma para bolo (culinária)
calender	**university catalog**	lista de cursos universitários
call after	**to name for**	dar a recém-nascido o nome de alguém
call at	**to stop at**	fazer escala, parada
call over	**roll call**	chamada de presença
call sign	**call letters**	letras e números de prefixo de estação de rádio, TV
call up, conscription	**draft**	recrutamento militar
called to the bar	**admited to practice**	pertencente à Ordem dos Advogados
caller	**calling party**	pessoa que faz a chamada telefônica
call-out charge	**house call charge**	preço da visita (encanador, eletricista etc.)
Calor gas	**propane gas**	gás liquefeito de butano
camp bed	**cot**	catre, cama de armar
candidature	**candidacy**	candidatura
candlestick telephone	**upright telephone**	telefone de coluna
candyfloss	**cotton candy**	algodão de açúcar (confeitaria)
cane	**whip**	vara (para vergastar)
canker	**canker sore**	afta na boca ou nos lábios
cant dog	**cant hook**	gancho para virar toras de madeira
car park	**parking lot/place/garage**	estacionamento para veículos
car smash	**car crash**	colisão de veículos
caramel	**hard candy**	bala de caramelo (confeitaria)
caravan, motor caravan	**trailer/camper/mobile/ motor home**	trailer
carbon dating	**radioactive dating**	datação por carbono
card index	**card catalog**	gaveta/caixa de fichas contendo informações
cardpunch	**key punch**	máquina de perfurar cartões tipo holerite
cardsharper	**cardsharp**	jogador profissional de baralho que trapaceia

INGLÊS BRITÂNICO	INGLÊS AMERICANO	PORTUGUÊS
caretaker, porter	**janitor**	zelador de edifício
carfax	**crossroads**	cruzamento de estradas
carriage, wagon	**car**	vagão (ferrovia)
carrier	**express company**	transportadora (companhia)
carrier bag	**shopping bag**	sacola de papel ou plástico para compras
carrousel, belt carousel	**rotating conveyor (belt)**	esteira rolante para bagagem (aeroporto)
carry cot	**baby carrier, porta crib**	moisés, cesto de carregar bebê
carry on	**to keep going**	continuar
cartridge paper	**drawing paper**	papel para desenho
cash dispenser	**ATM machine**	caixa eletrônico (bancário)
cashier	**teller**	caixa de banco (funcionário)
castor oil plant	**castor bean**	mamona, mamoneira
casualty department	**emergency room**	sala de emergência, pronto-socorro em hospital
casualty, road accident	**automobile accident**	acidente de carro
cat's meat	**cat food**	ração para gatos
catapult	**slingshot**	estilingue
catmint	**catnip**	erva gatária (*nepeta cataria*)
cattle grid	**cattle guard**	mata-burro
cattle lifter	**cattle rustler**	ladrão de gado
cattle truck	**stockcar**	vagão para animais (ferrovia)
ceaseline	**disconnected number**	telefone desligado pela companhia
ceiling hook	**preventer**	picareta (de bombeiro)
centenary	**centennial**	centenário
central reservation	**median strip, divider**	canteiro central de estrada
chair	**track socket**	coxim de trilho (ferrovia)
chairman	**president**	presidente de companhia (comercial/industrial)
changing room	**locker room**	vestiário de um clube, piscina
charge sheet	**police blotter**	boletim de ocorrências policiais
charge-hand	**foreman**	feitor, contramestre
chartered account	**certified public accountant**	contador formado
chat show	**talk show**	programa de entrevistas (rádio, televisão)
chat-up line	**line**	perguntas para iniciar conversa com desconhecido

INGLÊS BRITÂNICO	INGLÊS AMERICANO	PORTUGUÊS
cheecky, saucy	**sassy, fresh**	atrevido
cheesecloth, butter muslin	**cheesecloth**	gaze de algodão (culinária)
Chelsea bun	**currant bun**	pão doce com corintos
chemist, dispenser, dispensing chemist	**pharmacist, druggist**	farmacêutico
chemist's	**drugstore**	farmácia
cheque book diplomacy	**dollar diplomacy**	diplomacia do dinheiro
chest of drawers	**dresser, bureau**	cômoda
cheverel, kid	**kid, kid skin**	cabrito, couro de cabrito, pelica
chicken run	**fowl/chicken run**	galinheiro
chickory	**endive**	chicória
chimney piece	**mantelpiece**	console de lareira
chimney sweep	**chimney sweeper**	limpador de chaminé
chips	**French fries**	batata frita
chocolate, sweets	**candy**	doces em geral
chorus master	**choir director**	regente de coral
Christian/given name	**Christian/given/baptismal name**	nome de batismo, primeiro nome
chucker-out	**bouncer**	leão-de-chácara
cinema, the pictures	**movie theater, the movies**	cinema
circular saw	**buzz saw**	serra circular
circus	**circle**	praça pública circular
city editor	**financial editor**	editor de economia (jornal)
clamp	**boot**	colocar jacaré (trava) em rodas de veículo estacionado ilegalmente
class, form	**grade**	ano, classe escolar
classified ad	**wanted ad**	anúncio classificado (jornal ou revista)
claw setting	**Tiffany setting**	tipo de garra (ourivesaria)
clean/brush one's teeth	**to brush one's teeth**	escovar os dentes
cleaner's	**cleaner**	tinturaria a seco
Cleaning Department	**Street Cleaning Service**	Serviço de Limpeza Pública
clearing bank	**commercial bank**	banco que trabalha com compensação
climbing frame	**monkey bars**	gaiola, trepa-trepa (parquinho infantil)
cling film	**Saran wrap**	filme transparente para embalagens
clip	**to punch**	perfurar bilhete

INGLÊS BRITÂNICO	INGLÊS AMERICANO	PORTUGUÊS
cloack room	**check room**	chapelaria (teatro, museu)
cloackroom attendant	**hat check girl**	atendente de chapelaria (teatro, museu)
clockwise	**deasil, clockwise**	sentido horário
close season	**closed season**	período de proibição de caça/pesca
clothes peg	**clothes pin**	pregador de roupa
club, cosh	**black jack**	porrete, cassetete
clutch release	**bearing clutch, throwout bearing**	rolamento de embreagem
coach	**bus**	ônibus de turismo
coalhole	**coal cellar**	depósito de carvão
cockhorse	**hobby horse**	cavalinho de pau (cabo de vassoura)
collar stud	**collar button**	botão de colarinho
coloured distemper	**color wash**	têmpera de cor (pintura)
combination	**three wheel motorcycle**	motocicleta com *sidecar*
combinations	**unit suit**	peça íntima de lã tipo macacão
commis waiter	**busboy**	ajudante de garção
conditionally discharged	**on probation**	em liberdade condicional
conductor rail	**live rail, third rail**	trilho condutor (ferrovia)
confidence trick	**confidence game**	conto do vigário
confinement theatre	**labor room**	sala de parto em hospital
conscript	**draftee**	o convocado para o serviço militar
conscription, call up	**draft**	recrutamento militar
conservatoire	**conservatory**	conservatório de música
constable	**policeman**	guarda, policial
constituent assembly	**constitutional convention**	representantes eleitos para fazer/reformar Constituição do país; constituinte
consumer durables	**durable goods**	bens de consumo duráveis, não perecíveis
contrail	**vapor trail**	fumaça expelida no céu por avião
convoy	**caravan**	caravana
cooker	**stove**	fogão
cookery book	**cook book**	livro de culinária
copingstone	**copestone**	pedra de cumieira
cor anglais	**English horn**	corno inglês (música)
coriander	**cilantro**	coentro

INGLÊS BRITÂNICO	INGLÊS AMERICANO	PORTUGUÊS
corn	**grain**	grão, cereal
corner shop	**convenience food store**	pequena mercearia
cornet	**cone**	cone de sorvete
cornflour	**cornstarch**	maisena, amido de milho
cos lettuce	**romaine lettuce**	alface romana
cosh, club	**black jack**	porrete, cassetete
cot	**crib**	berço
cot case	**bedridden patient**	doente acamado
cot death	**crib death**	morte súbita de bebê durante sono
cotton	**thread**	linha para costura
cotton print	**calico**	tecido de algodão estampado
cotton reel	**spool**	carretel de linha
cotton wool	**absorbent cotton**	algodão cirúrgico, farmacêutico
county town	**county seat**	sede de condado, município
courgette	**zucchini**	abobrinha
court card	**face card**	carta de baralho com figura
court shoe	**high heel shoe**	sapato de salto alto
covalency	**covalence**	covalência
covering letter	**cover letter**	carta que acompanha pacotes/encomendas
cow gum	**rubber cement**	cimento de borracha
cradle, scaffold	**scaffold**	andaime suspenso
crash repairs	**body work**	serviço de funilaria (oficina mecânica)
cravat	**ascot**	plastrom
cream jug	**creamer**	jarra para servir creme de leite
creche	**baby farm, day care center**	creche
credit note	**credit voucher**	nota de mercadoria devolvida para se efetuar outra compra
credit slip	**deposit slip**	comprovante de depósito bancário
crematory	**crematorium**	crematório
crisps	**potato chips**	batata palha (culinária)
crockery	**earthenware**	cerâmica
croissant	**crescent roll**	*croissant* (culinária)
cross, on the	**bias, on the**	enviesado, de viés
crossing keeper, barrier	**gateman**	guarda-cancela (ferrovia)

INGLÊS BRITÂNICO	INGLÊS AMERICANO	PORTUGUÊS
crotchet	**quarter note**	semínima (música)
courgette	**zucchini**	abobrinha
crumble	**crisp**	mistura de farinha, gordura e açúcar para cobertura (culinária)
cul-de-sac	**dead end street**	rua sem saída
cum laude	**suma cum laude**	*suma cum laude*
current account	**checking account**	conta corrente
curriculum vitae, CV, brief	**career, resumé**	currículo
curtain rail	**curtain rod**	trilho de cortina
custom	**business**	freguesia, clientela
cutthroat	**straight razor**	navalha
cutting, newspaper cutting	**(newspaper) clipping**	recorte de jornal
cyclist	**cycler, bicycle rider**	ciclista
cyclostyle	**to mimeograph**	mimeografar

D

INGLÊS BRITÂNICO	INGLÊS AMERICANO	PORTUGUÊS
daft	**dumb**	pouco inteligente, "burro"
daughter concern	**subsidiary**	companhia subsidiária
day boy/girl	**day student**	aluno de semi-internato
daylight robbery	**highway robbery**	preço exorbitante, "assalto"
deaf aid	**hearing aid**	aparelho para surdez
Dear Sirs,	**Gentlemen,**	Prezados Senhores, (carta)
death cap	**death cup**	cogumelo venenoso
death duty	**inheritance tax**	imposto de transmissão *causa mortis*
debone	**to bone**	desossar
decentralise	**to deconcentrate**	descentralizar
deckchair	**beachchair**	espreguiçadeira, cadeira de preguiça
decree absolute	**final decree**	sentença final (divórcio)
degree day	**commencement day**	dia de formatura
delivery van	**panel truck**	caminhonete de entrega
delivery van, van	**delivery truck**	caminhão de entrega
Demerara sugar	**brown sugar**	açúcar mascavo
demist	**to defrost**	desembaçar (vidro)
demister	**defroster**	desembaçador de vidros (veículo)

INGLÊS BRITÂNICO	INGLÊS AMERICANO	PORTUGUÊS
demonstrator	**laboratory assistent**	preparador de laboratório em escola
deposit account	**savings account**	conta bancária de poupança
deputation	**delegation**	delegação
de-restricted road	**road without speed limit**	estrada sem limite de velocidade
dessert, afters, sweets, pudding	**dessert**	sobremesa
dessicated coconut	**shreded coconut**	coco ralado industrializado
destructor	**garbage incinerator**	incinerador de lixo
dialling code	**area code**	código de área telefônica
dialling tone	**dial tone**	sinal de linha (telefonia)
dialogize	**to dialogue**	dialogar
diamine	**diamide**	diamina (química)
dibs	**jacks**	três-marias (jogo infantil)
dinky	**cute**	engraçadinho
dinner jacket	**tuxedo**	traje masculino de gala para jantar, *smoking*
dip	**to dim**	baixar a luz (veículo)
dipper	**dimmer**	luz baixa (veículo)
dipper switch	**dimmer switch**	botão de luz baixa (veículo)
direct debit	**automatic payment**	débito automático (bancário)
direct speech	**direct discourse**	discurso direto (gramática)
(directory) enquires	**directory assistance, information**	informação telefônica
dirty weekend	**amorous weekend**	fim de semana passado com amante
dish	**serving dish**	travessa de servir (culinária)
dismissal with disgrace	**dishonorable discharge**	expulsão de soldado
dispenser, dispensing chemist, chemist	**pharmacist, druggist**	farmacêutico
district	**neighborhood**	bairro
diversion	**detour**	desvio (trânsito)
do	**handle**	negociar/trabalhar com
docker	**longshoreman**	estivador
dockyard, navy dockyard	**navy yard**	estaleiro
doctor	**to alter**	castrar animal doméstico
dog warden	**dog catcher**	funcionário que caça cachorro na rua
dope sheet	**scratch sheet**	lista de barbadas (turfe)

INGLÊS BRITÂNICO	INGLÊS AMERICANO	PORTUGUÊS
doss house	**flophouse**	casa de cômodos, pensão barata, albergue noturno
double bend, S-bend	**S-curve**	curva em S (rodovia)
double cream	**heavy cream**	creme de leite espesso
double Dutch	**"Greek"**	"grego", incompreensível
double or quits	**double or nothing**	jogada para decidir se aposta é dobrada ou cancelada
double sauce-pan	**double boiler**	panela para banho-maria
double up	**to parlay**	dobrar aposta, fazer uma acumulada
downpipe	**downspout**	condutor de calha
downwards	**downward**	para baixo
drains	**sewerage**	rede de esgoto doméstico
draper's shop	**dry goods store**	loja de tecidos e armarinho
drapery	**dry goods**	tecidos e armarinho
draught excluder	**weather stripping**	metal ou tira para calafetar porta e janela
draughts	**checkers**	jogo de damas
drawing office	**drafting room**	ateliê de desenhista projetista
drawing pin	**thumbtack**	tachinha
dress circle	**balcony**	balcão nobre (teatro)
dress show	**fashion show**	desfile de modas
dressing gown	**bathrobe**	roupão
dribble	**drool**	babar (como criança)
drink mat	**coaster**	descanso para copos
drinking fountain	**water fountain**	bebedouro
drinks party	**cocktail party**	coquetel (reunião)
drive yourself car, self-drive car	**rental car**	carro de aluguel
driving licence	**driver's license**	carteira de habilitação de motorista
driving mirror	**rear-view mirror**	espelho retrovisor (veículo)
driving seat	**driver's seat**	assento do motorista
drop-head	**convertible**	conversível (veículo)
drug misuse	**drug abuse**	abuso de drogas
drying-up cloth	**dish towel**	pano de prato
dual carriageway	**divided highway**	rodovia de duas mãos com canteiro central
dubbin	**leather dressing**	impermeabilizante de couro
dude cheque, refer to drawer	**insuficient funds**	cheque sem fundos
dumb waiter	**lazy Susan**	bandeja giratória

INGLÊS BRITÂNICO	INGLÊS AMERICANO	PORTUGUÊS
dummy	**pacifier**	chupeta
dummy run	**dry run, trial**	treino militar sem munição, ensaio, tentativa
dungarees, bib and brace	**overalls**	macacão tipo jardineira (vestuário)
duplicator	**mimeograph**	mimeógrafo
dust coat	**duster**	guarda-pó (avental)
dustbin	**garbage can**	lata de lixo externa à casa
dustcart	**garbage truck**	caminhão de coleta de lixo
duster	**dust cloth**	pano de pó
dustman	**garbage colector**	coletor de lixo
duvet	**eiderdown**	edredon de plumas de ganso
dyer's greenweed	**dyer's broom**	giesta (botânica)
dynamo	**generator**	dínamo (veículo)

E

INGLÊS BRITÂNICO	INGLÊS AMERICANO	PORTUGUÊS
earthwire, earth	**ground**	fio terra
easy listening	**elevator music**	música suave de lugares públicos, preferida pelos mais idosos, "música de elevador"
ECG	**EKG**	eletrocardiograma
edgeways	**edgewise**	lateralmente, de ponta/cunha
ejector seat	**ejection seat**	assento ejetor
elastoplast	**band-aid**	*band-aid*
electric trolley	**platform truck**	carrinho elétrico de plataforma (ferrovia)
elementary/junior school	**grade/elementary school**	escola primária
elevenses	**morning coffee break**	pausa para o cafezinho da manhã
encash	**cash**	descontar um cheque
enclosed nun	**cloistered nun**	religiosa/freira enclausurada
endosee	**affiant**	o endossado
endways	**endwise**	de trás para frente
engage	**to hire**	contratar empregado
engaged tone	**busy signal**	sinal de ocupado (telefone)
engine driver	**engineer**	maquinista (ferrovia)
enquiries, directory enquires	**directory assistance, information**	informação telefônica
enquiry	**investigation**	inquérito

INGLÊS BRITÂNICO	INGLÊS AMERICANO	PORTUGUÊS
ensure	**to insure**	garantir, assegurar
entrance fee	**initiation fee**	jóia, taxa de inscrição
entwine	**to entwist**	retorcer
ergonomics	**biotechnology**	biotecnologia
errand boy	**delivery boy**	menino de entrega
Esq., Mr.	**Mr.**	Sr. (endereçamento de carta)
estate	**real estate development**	loteamento
estate agent	**realtor**	corretor de imóveis
estate car	**station wagon**	perua (veículo)
estate car	**carry-all**	tílburi com assentos laterais
evening work shift	**swing shift**	turno de trabalho das 16h às 20h, ou entre o turno diurno e o noturno
except for access	**no through trucks**	tráfego de caminhões permitido apenas para entrega
exclamation mark	**exclamation point**	ponto de exclamação
exclusive line	**private line**	linha particular (telefone)
ex-directory	**unlisted (number)**	número de telefone não listado
exercise book	**notebook**	caderno de exercícios
exhaust silencer, silencer	**muffler**	silencioso, silenciador (veículo)
exhibition	**exhibit**	mostra de arte
express post	**special delivery**	entrega rápida (correio)
ex-service man	**veteran**	veterano das Forças Armadas
extention lead	**extention cord**	fio de extensão elétrica
external painting	**outdoor painting**	pintura externa (casa, edifício)
extractor fan	**exhaust fan**	exaustor
extra-mural studies	**extension courses**	cursos de extensão
eyebath	**eye cup**	copinho para lavar os olhos

F

INGLÊS BRITÂNICO	INGLÊS AMERICANO	PORTUGUÊS
face flannel, facecloth	**washing rag**	esfregão de banho
faculty	**college**	faculdade (ensino superior)
fair, funfair	**amusement park, carnival**	parque de diversões
Family Division, Marriage Guidance Bureau	**Family Court, Domestic Relations Court**	Vara da Família (jurídico)
fancy dress	**masquerade**	fantasia (vestuário)
fanlight	**transom (window)**	bandeira de porta ou janela grande

INGLÊS BRITÂNICO	INGLÊS AMERICANO	PORTUGUÊS
fascia panel, dashboard	**dashboard**	painel de automóvel
faults and services	**telephone repair department**	seção de telefones com defeito
feed	**feeding**	alimentação de bebê
feed	**straight man**	escada (ator que contracena com comediante em teatro)
feeder	**bib**	babador
feeding bottle	**nursing bottle**	mamadeira
fence, reced	**to fence**	receptar mercadoria roubada
fiddle, swindle	**swindle**	trapaça, trapacear
figurehead	**front**	figura de proa
filling station	**gas station**	posto de gasolina
film	**movie**	filme cinematográfico
film star	**movie star**	estrela de cinema
financial year	**fiscal year**	ano fiscal
fine tooth comb	**fine toothed comb**	pente-fino
fine/thin down	**to thin down**	diluir
finger/sponge biscuits	**ladyfingers**	biscoito inglês
fingers, soldiers	**bread strips**	tirinhas de pão para comer com ovo mole
fire brigade	**fire department**	corpo de bombeiros
fire engine	**fire truck**	carro de bombeiros
(fire) hydrant	**fire plug**	hidrante
fire raiser	**arsonist**	incendiário (pessoa)
fire, heater	**heater**	aquecedor de ambiente
Firm, the; firm	**Company, the; company**	serviço de espionagem
first floor	**second floor**	primeiro andar
first mate	**mate**	imediato (marinha)
first rate	**exclusive**	de primeira qualidade
first speed, bottom gear	**low gear**	marcha lenta (veículo)
first year undegraduate	**freshman**	calouro de universidade
fish finger	**fish stick**	tirinhas de peixe à milanesa
fishmonger	**fish dealer**	peixeiro
fish-slice	**slotted spatula, spatula, pancake turner**	espátula para frituras
fitted carpet	**wall to wall carpet**	carpete
fitted units	**kitchen cupboards**	armários de cozinha
fixture	**event**	evento esportivo, literário
fizzy drink	**soda**	água gasosa, bebida gasosa
flag day	**tag day**	dia de angariação de fundos nas ruas (caridade)
flan tin	**pie pan**	fôrma para torta (culinária)

INGLÊS BRITÂNICO	INGLÊS AMERICANO	PORTUGUÊS
flap-jack	**granola bar**	bolacha de aveia
flat	**apartment**	apartamento
flat accumulator	**dead batery**	bateria descarregada/arriada
flautist	**flutist**	flautista
flex	**cord**	fio elétrico
flexible lamp	**gooseneck lamp**	abajur de haste flexível
flexitime	**flextime**	horário flexível de trabalho
flick knife	**switch blade**	canivete automático
flies, fly	**fly**	braguilha
flip-flop	**thongs**	sandália tipo *havaiana*
flipper	**fin**	nadadeira, pé-de-pato
float	**flutter board**	prancha, tábua de natação
float bridge	**floating bridge**	ponte flutuante
floating vote	**independent vote**	voto não vinculado, sem chapa
floor model	**floor sample**	eletrodoméstico que ficou exposto na vitrine, vendido a preço mais baixo
flow chart	**flow sheet**	gráfico de operações (indústria)
flower people	**flower child**	*hippie*
fluospar	**fluorite**	fluorita (mineral)
flyblown	**flyspecked**	coberto de sujeira de moscas
flyover	**overleaf, overpass**	pontilhão em cruzamento de estradas
flypast	**fly-over**	acrobacias aéreas durante comemorações
fog lamp	**fog light**	farol de neblina (veículo)
follow-my-leader	**follow the leader**	"siga o líder" (brincadeira infantil na qual as crianças devem imitar a que lidera)
football shirt	**football jersey**	camisa de jogador
football, association football	**soccer**	futebol
footpath, pavement	**sidewalk**	calçada, passeio
footplate	**engineer's and fireman's platform**	cabine de maquinista (ferrovia)
Foreign Minister	**Secretary of State**	ministro das Relações Exteriores
Foreign Office	**State Department**	Ministério das Relações Exteriores
forest labourer, woodman	**lumberer, timberman**	lenhador
forged note	**counterfeit bill**	cédula falsificada

INGLÊS BRITÂNICO	INGLÊS AMERICANO	PORTUGUÊS
fork luncheon	**buffet luncheon**	almoço à americana, *self-service*
form	**grade**	aula/ano/classe/série escolar
form	**blank form**	formulário
form room	**home room**	sala de aula usada pelos alunos da mesma série
form teacher	**hometeacher**	professor(a) responsável por alunos de uma série
former	**grader**	-anista, sufixo (como em primeiro-anista)
fortnight	**two weeks**	quinzena
forward delivery	**future delivery**	compra com entrega posterior
forwarding agent	**freight agent**	fretista
founder member	**charter member**	sócio/membro fundador
four stroke	**four cycle**	de quatro tempos (motor)
four wheel drive	**granny gear**	4 x 4, veículo com tração nas quatro rodas
foyer	**lobby**	saguão de entrada
fraternity	**religious order**	ordem religiosa
free phone	**tollfree number**	discagem gratuita (telefonia)
free wheel	**to coast**	dirigir veículo na banguela
freepost	**business reply mail**	porte pago para resposta
freewoman	**freelady**	contramestra em fábrica
French bean	**green bean**	feijão em vagem
French windows	**French doors**	janela francesa (arquitetura)
fresh butter	**sweet butter**	manteiga fresca sem sal
fridge-freezer	**refrigerator-freezer**	geladeira duplex
friendly game	**exhibition game**	jogo amistoso
friendly society	**benefit society**	sociedade de socorros mútuos, previdência privada
Friesian	**Holstein**	holandês (gado)
fringe	**bangs**	franja de cabelo
fringe theatre	**off-Broadway theater**	teatro de periferia
frosted food	**frozen food**	comida congelada
frowsty	**musty**	viciado (ar)
fruit machine, one-armed bandit	**slot machine**	máquina caça-níqueis
frying pan	**skillet**	frigideira
fug	**stuffiness**	ar viciado
full cream	**whole cream**	creme de leite integral

INGLÊS BRITÂNICO	INGLÊS AMERICANO	PORTUGUÊS
full stop	**period**	ponto final (pontuação)
funfair, fair	**amusement park, carnival**	parque de diversões
funnel	**smoke stack**	chaminé de metal de máquinas a vapor
funnily enough	**funny enough**	de maneira estranha, esquisita, inesperada
funny bone	**crazy bone**	côndilo interno do úmero (anatomia)
fused lamp	**burned out bulb**	lâmpada queimada

G

INGLÊS BRITÂNICO	INGLÊS AMERICANO	PORTUGUÊS
gaby, simpleton, mental	**simpleton, simple minded**	simplório
galloshes	**rubbers, overshoes**	galochas
game path	**runway**	trilha de caça
gangway	**aisle**	passagem que separa filas de bancos em igrejas, teatros
gaol	**jail**	cadeia, prisão
garden	**yard**	jardim de casa
garden centre	**nursery**	loja de plantas e equipamentos para jardins
garden flat	**garden apartment**	apartamento térreo com jardim
garden syringe	**spray gun**	pistola de pulverização
Garibaldi	**currant cookie**	biscoito de corintos
gas fitter	**pipe fitter**	encanador de gás
gateau, sandwich cake	**layer cake**	bolo em camadas, torta (culinária)
gear box	**transmission**	caixa de câmbio (veículo)
gear change	**shift of gears**	mudança de marcha (veículo)
gear lever	**gear shift**	alavanca de mudança de câmbio (veículo)
gee-gee	**horsie**	cavalinho (linguagem infantil)
gen up	**to fill in**	fornecer ou obter informação
general servant	**maid of all work**	empregada doméstica
gents	**men's room**	toalete público masculino
geyser	**water heater**	aquecedor de água a gás
gibber	**to jabber**	falar muito depressa
gift token/voucher, token	**gift certificate**	vale-presente (comércio)
gin stop	**gin mill**	bar, boteco

INGLÊS BRITÂNICO	INGLÊS AMERICANO	PORTUGUÊS
ginger nut	**ginger snap**	biscoito de gengibre
give in part exchange	**to trade in**	dar de entrada como parte de pagamento
given/Christian name	**given/Christian/baptismal name**	nome de batismo, primeiro nome
glaze ice	**glaze**	camada fina de gelo depois de nevasca
glossy	**slick**	revista de luxo
go off	**to get tired of**	enjoar, ficar cansado de
go up/down the gears	**to shift gears**	mudar a marcha (veículo)
gob stopper	**jawbreaker**	doce redondo, duro e grande
gods	**heaven**	galeria, "puleiro" (teatro)
golden syrup	**corn syrup**	xarope de milho, Karo
golden wedding	**golden anniversary**	bodas de ouro
goldfishbowl	**fishbowl**	aquário doméstico
goods	**freight**	carga (ferrovia)
goods shed	**freight house**	armazém (ferrovia)
goods truck	**freight truck**	caminhão de carga
goods wagon	**box/freight car**	vagão de carga (ferrovia)
goose pimples/flesh	**goose bumps**	pele arrepiada de frio ou medo
go-slow	**slowdown**	operação tartaruga
government	**administration**	governo
governor, prison governor	**warden, prison warden**	diretor de presídio
gradient	**grade**	ladeira, subida
graduate	**college graduate**	bacharel
gramophone	**phonograph**	toca-discos, vitrola
grand circle	**parquet circle**	frisa (teatro)
grave marks	**age spots**	manchas de velhice nas mãos
great/big toe	**big toe**	dedão do pé
green fingers	**green thumb**	"dedos verdes", mão boa para plantas
greengrocer's	**greengrocery**	quitanda
grill	**broil**	grelha; grelhar
grills	**steaks and chops**	churrascaria
gritter	**salt truck**	caminhão que espalha sal nas ruas
grizzle	**whimper, whine**	choramingar
ground	**field**	campo de esportes
ground floor	**first floor**	andar térreo
ground sheet	**ground cloth**	lençol impermeável, a prova d' água

INGLÊS BRITÂNICO	INGLÊS AMERICANO	PORTUGUÊS
guard	**brakeman**	guarda (ferrovia)
guard, ticket inspector	**conductor**	guarda que verifica os bilhetes (ferrovia)
guard's van	**caboose van**	carro lanterninha (ferrovia)
gudgeon pin	**wrist pin**	pino de cruzeta (mecânica)
guest/spare room	**guest room**	quarto de hóspedes
guide	**girl scout**	bandeirante (escotismo)
guide dog	**seeing eye dog**	cão guia de cego
gun dog	**bird dog**	cão perdigueiro
gym shoes, plimsoles, training shoe	**sneakers, tennis shoes**	tênis (calçado)
gym slip	**gym suit**	roupa de ginástica

H

haberdashery	**furnishings, notions**	armarinho, aviamentos
haberdashery	**variety store**	loja de armarinho, aviamentos
hackney carriage	**hack**	carruagem
hair/kirby grip	**bobbie pin**	grampo para cabelo
hairslide, slide	**barrete**	fivela de cabelo
half seas over	**loaded**	bêbado, embriagado
hall of residence	**dormitory**	dormitório em escola
Halt!	**Stop!**	Pare! (uma ordem)
hand	**handwriting**	letra manuscrita, caligrafia
handbag	**purse**	bolsa de mulher
handbrake	**parking brake**	freio de mão (veículo)
hard lines	**tough luck**	azar
hardware	**housewares, fixings**	ferragens
hardwearing	**longwearing**	que dura muito, de longa duração (tecido, sapato)
harvestman	**daddy longlegs**	opilião, aranha caseira de pernas longas
hat stand	**hat tree**	mancebo, porta-chapéu
haulier	**truckman**	caminhoneiro
head restraint	**headrest**	descanso para cabeça em assento de automóveis
headed paper	**letterhead**	papel de carta timbrado
header tank	**coolant tank**	reservatório de água (veículo)
headmaster	**principal**	diretor de escola de ensino primário e secundário

INGLÊS BRITÂNICO	INGLÊS AMERICANO	PORTUGUÊS
hearse	**mortuary**	carro fúnebre
heater, fire	**heater**	aquecedor de ambiente
heels of clay	**feet of clay**	pés de barro (figurado)
helter-skelter	**carnival slide**	tobogã em espiral (parque de diversões)
hide, hunting screen	**blind**	tocaia, esconderijo (caça)
hide-and-seek	**hide-and-go-seek**	esconde-esconde (brincadeira)
High street	**Main street**	rua principal
highly strung	**highstrung**	muito nervoso, excitado, sensível
hipsters	**hiphuggers**	calças Saint Tropez
hire purchase	**installment plan**	compra em prestações
His or Her Magesty's Stationary Office	**Government Printing Office**	Imprensa Oficial
hoar frost	**frost**	geada
hoarding	**billboard**	quadro de avisos, *outdoor*, comerciais
hob	**burner**	bico de gás (fogão)
holdall	**carryall**	sacola de viagem
hole-and-corner	**underhand**	sorrateiro
holiday	**vacation**	férias
holiday maker	**vacationer**	veranista
home from home	**home away from home**	segundo lar
home work	**assignment**	lição de casa
hook ladder	**pompier ladder**	escada de bombeiros
hoover	**vacuum cleaner**	aspirador de pó
hose reel	**hose cart/truck/carriage**	rolo de mangueira de incêndio
hot flush	**hot flash**	onda de calor (menopausa)
hot ice	**dry ice**	gelo-seco
house	**building**	prédio
house journal	**house organ**	jornal informativo de empresa
house sparrow	**English sparrow**	pardal (ornitologia)
house trainded	**housebroken**	animal ensinado a fazer suas necessidades fisiológicas em lugar determinado
houseman, registrar	**resident physician, intern**	médico residente
housing estate	**housing development**	núcleo residencial
humbug	**mint candy**	bengalinha de doce

INGLÊS BRITÂNICO	INGLÊS AMERICANO	PORTUGUÊS
Humpty Dumpty	**dumpy**	pessoa baixa e gorda, "tampinha"
hundreds and thousands	**sprinkles, nonpareil**	confeitos coloridos (confeitaria)
hunting screen, hide	**blind**	tocaia, esconderijo (caça)

I

INGLÊS BRITÂNICO	INGLÊS AMERICANO	PORTUGUÊS
ice	**to frost**	cobrir com glacê (confeitaria)
ice rink	**skating rink**	rinque de patinação
ice, sorbet, water ice	**sherbet**	picolé de frutas
iced lolly	**popsicle**	picolé
iced water	**ice water**	água gelada
icing sugar	**confectioner's sugar, powdered sugar**	açúcar de confeiteiro
identification parade	**lineup**	sessão para identificação de suspeitos (polícia)
identikit	**composite**	kit para compor retrato falado (polícia)
ifs and buts	**ifs, ands, or buts**	desculpas esfarrapadas por motivo de atraso
imaginary invalid, hypocondriac	**hypocondriac**	hipocondríaco
immersion heater	**water heater**	aquecedor de água elétrico
impression	**printing**	edição
incident room	**interrogation room**	sala de interrogatório (polícia)
indent	**requisition**	requisição de abastecimento
index linked	**adjusted to inflation**	indexado (economia)
Indian ink	**India ink**	tinta nanquin
industrial action	**union protest activity**	movimento grevista
industrial estate	**industrial park**	parque industrial
information office	**information bureau**	guichê de informações (ferrovia)
ingle-nook	**chimney corner**	canto, espaço em volta de lareira
Inland Revenue	**Internal Revenue**	Receita Federal
inquiry office	**information desk**	balcão de informações
instruct a solicitor	**to retain a lawyer**	contratar um advogado

INGLÊS BRITÂNICO	INGLÊS AMERICANO	PORTUGUÊS
insulating tape	**friction tape**	fita isolante
interfere with	**to sexual assault**	violentar sexualmente
interior sprung mattress	**inner spring mattress**	de molas (colchão)
interval	**intermission**	intervalo (teatro, concerto)
into the bargain	**in the bargain**	de lambuja
invalid/wheel chair	**wheel chair**	cadeira de rodas
invigilate	**to proctor**	vigiar alunos durante prova
invigilator	**to proctor**	inspetor de alunos
inwards	**inward**	para dentro
iromonger's	**hardware store**	loja de ferragens
ironmonger	**hardware dealer**	ferragista
island	**safety island**	ilha divisória (trânsito)

J

jab; shot	**shot**	injeção, agulhada
jacket potato	**baked potato**	batata assada com casca
jackhammer	**pneumatic drill**	britadeira
jam	**jelly**	geléia
jam-packed	**jammed**	abarrotado, cheio de gente
jelly	**Jello**	sobremesa de gelatina
jelly-bag	**stocking cap**	gorro de malha
jemmy	**jimmy**	pé-de-cabra (ferramenta)
jib	**to buck**	empacar, emperrar
job centre	**employment office**	centro de informação sobre empregos
jobber	**specialist**	corretor da Bolsa de Valores
jobbing printer	**instant printer**	impressor de volantes, circulares, anúncios, bilhetes
jockstrap	**athletic supporter**	suporte atlético, sunga
joint	**roast**	peça de carne para assar
joint stock company	**stock company**	empresa/companhia de acionistas
jolly	**jollification**	festividade, comemoração
jolly bad	**mighty**	demasiadamente, muito
jug	**pitcher**	jarra
jumble sale	**rummage sale**	bazar beneficiente de objetos usados
jump lead	**jumper cables**	fios para recarregar bateria
jumper	**sweater**	suéter

junior reporter	**junior correspondent**	jornalista principiante, foca
junior school	**elementary junior high school**	escola primária para crianças de 7 a 11 anos
jury service	**jury duty**	membro de um júri

K

kebab	**kabob**	carne assada no espeto (culinária grega)
kerb	**curb**	guia de calçada
key money	**security deposit**	pagamento, depósito adiantado de aluguel
kibble	**mine bucket**	balde de poço (mineração)
king's/queen's evidence	**state evidence**	depoimento em favor da acusação
king's scout, queen's scout	**eagle scout**	escoteiro
kiosk (telephone, cigarette)	**telephone booth**	cabine telefônica
kirby grip, hair grip	**bobbie pin**	grampo para cabelo
kiss curl	**spit curl**	pega-rapaz (penteado)
kitty corner	**catty corner**	vias-à-vis, em diagonal
knave	**jack**	valete (baralho)
knickers	**panties**	calcinhas
knife and fork tea	**light supper**	ajantarado; lanche reforçado (que substitui o jantar)
knobbly	**knobby**	com calombos, encaroçado
knock up	**to call**	acordar alguém, chamar para acordar
knock up	**warm up, practice game**	aquecimento (tênis)
knocker-up	**advance man**	cabo eleitoral
knotting machine	**snedding machine**	máquina de alisar tronco de árvore
knuckle duster	**brass knuckles**	soqueira, soco inglês

L

label	**tag**	etiqueta
ladder	**run**	fio desfiado em meia ou malha
lady bird	**lady bug**	joaninha (inseto)

INGLÊS BRITÂNICO	INGLÊS AMERICANO	PORTUGUÊS
last post	**taps**	toque de recolher
laundry basket	**hamper**	cesto de roupa suja
lavatory, toilet, loo, W.C.	**john, bathroom, toilet**	banheiro, toalete
Law Society	**Bar Association**	Ordem dos Advogados
lawn/tenpin bowling	**bowls, tenpins**	boliche
lay a charge	**to file a complaint**	queixar-se à polícia, dar parte
lay oneself out to	**to put oneself out to**	esforçar-se
lay the table	**to set the table**	pôr a mesa
lay-by	**pull-off**	acostamento em estrada
L-driver	**student driver**	aprendiz de motorista
leader	**editorial**	editorial (jornal)
leader	**concert master**	*spala* (orquestra)
leave school	**to graduate**	formar-se, diplomar-se (escola)
leaver	**graduating student**	formando (universidade)
lecturer	**instructor**	instrutor, auxiliar de ensino (faculdade)
left luggage office	**baggage room**	guarda-volumes
leg-pull	**hoax**	brincadeira, peça
let	**to rent**	alugar imóvel
level crossing	**grade crossing**	passagem de nível (ferrovia)
library pictures	**file footage**	fotos de arquivos de estúdios de TV
lido	**public pool**	piscina pública
lie in	**to sleep late**	dormir até tarde
lie up	**to take to one's bed**	ficar de cama
lift	**ride**	carona
lift	**elevator**	elevador
lift man	**elevator operator**	ascensorista
lilo	**water mattress**	colchão de ar
limited	**incorporated**	Limitada (Ltda.) (companhia)
linesman	**track walker**	guarda-linha (ferrovia)
linked signals	**synchronized traffic lights**	semáforos sincronizados
lint	**surgical dressing**	gaze cirúrgica
liquid paraffin	**mineral oil**	purgante, óleo mineral usado como laxante
liquidiser	**blender**	liquidificador
listed building	**historic building**	edifício tombado pelo patrimônio histórico
listening room	**control room**	sala de controle (radiofonia)
literal	**typo**	erro de impressão, erro gráfico

INGLÊS BRITÂNICO	INGLÊS AMERICANO	PORTUGUÊS
liver sausage	**liverwurst**	lingüiça de fígado
living, benefice	**benefice**	benefício eclesiástico
lodger	**roomer**	inquilino, pensionista
lollipop woman/man	**school crossing guard**	guarda de trânsito em saída de escola
long sea outfall	**remote sewage disposal line**	emissário marítimo (esgoto)
long-sighted	**far-sighted**	hipermetrope
loo, W.C., lavatory, toilet	**john, bathroom, toilet**	banheiro, toalete
loose cover	**slip cover**	capa de móveis
lorry	**truck**	caminhão
lost property	**lost and found**	perdidos e achados
loud hailer	**bullhorn**	megafone
loudspeaker van	**sound truck**	veículo com alto-falante ou megafone
lounge suit	**business suit**	terno de trabalho, de uso diário
Lovely!	**Great!**	Ótimo! Que bom!
Ludo	**Parcheesi**	jogo de gamão, ludo
luggage	**baggage**	bagagem
luggage van	**baggage car**	vagão de bagagem (ferrovia)
lumber/box room	**lumber/storage room**	quarto de despejo

M

INGLÊS BRITÂNICO	INGLÊS AMERICANO	PORTUGUÊS
mackintosh, raincoat	**raincoat**	capa de chuva
maize	**corn**	milho
make redundant	**to excess**	despedir, demitir empregado
managing director	**president**	diretor geral
Manchester goods	**cotton textiles**	tecidos de algodão
mangetout	**snow pea**	ervilha manteiga/torta
market garden	**truck farm**	chácara
market gardener	**trucker**	chacareiro
Marriage Guidance Bureau, Family Division	**Family Court, Domestic Relations Court**	Vara da Família (jurídico)
marrow	**squash**	abóbora
marshalling yard	**shunting yard**	pátio de manobras (ferrovia)
masses of	**tons of**	um colosso de, muito de
match	**game**	partida de jogo
mattress, interior sprung	**inner spring mattress**	colchão de molas
mean	**tight**	miserável, pão-duro

INGLÊS BRITÂNICO	INGLÊS AMERICANO	PORTUGUÊS
mend	**to repair**	consertar
mental, simpleton, gaby	**simpleton, simple minded**	simplório
Mercantile Marine	**Merchant Marine**	Marinha Mercante
mess about	**mess around**	fazer tudo lentamente, desordenadamente
Meteorological Office	**Weather Bureau**	Instituto de Meteorologia
mileometer	**odometer**	odômetro
milk float	**dairy truck**	carro de entrega de leite
milk roundsman	**milkman**	entregador de leite
milk tooth	**baby tooth**	dente de leite
mince	**hamburger meat**	carne moída
mincer, mincing machine	**meat grinder/choper**	máquina de moer carne
mind	**to care**	incomodar-se
Mini	**mini-minor**	minicarro
minim	**half note**	mínima (música)
mixed school	**co-ed**	escola mista
mobile library	**bookmobile**	biblioteca ambulante
mobile police	**patrol car**	patrulha motorizada
mobile production	**travelling show**	espetáculo itinerante
modern maths	**new math**	matemática moderna (ensino)
mohican	**mohawk**	corte de cabelo masculino tipo moicano/crista de galo
moonlight flight	**flight by night**	fuga de devedores à noite
Mothering Sunday	**Mother's Day**	Dia das Mães
motion	**bowel movement**	evacuação de fezes, movimento dos intestinos
motor	**to drive**	passear de carro
motor bycicle	**motorcycle**	motocicleta, bicicleta motorizada
motor caravan, caravan	**trailer, camper, mobile home, motor home**	trailer
motor firm	**car agency, car dealer**	agência de automóveis
motor pool	**car fleet**	frota de automóveis
motor racing	**auto-racing**	corrida de automóveis
motorway	**freeway, throughway, super highway**	estrada de rodagem
mudflap, wing	**fender, splash guard**	pára-lama (veículo)
mudguard	**fender**	pára-lama (bicicleta)
muffin	**English muffin**	pãozinho redondo achatado
mull	**super**	tecido usado em encadernação
multiple mash	**pile-up-on-the-freeway**	engarrafamento na estrada

INGLÊS BRITÂNICO	INGLÊS AMERICANO	PORTUGUÊS
mum, mam	**mom, ma**	mamãe
music centre	**stereo system**	aparelho de som estereofônico
mute	**professional pallbearer**	carpideira profissional

N

INGLÊS BRITÂNICO	INGLÊS AMERICANO	PORTUGUÊS
nail pad	**buffer**	polidor de unhas
name plate	**shingle**	tabuleta, placa (consultório, escritório etc.)
napkin, serviette	**napkin**	guardanapo
nappy	**diaper**	fralda
nark	**stool pigeon**	alcagüete
National Insurance	**National Welfare**	Previdência Social
navvy	**excavator**	escavador de construção
(navy) dockyard	**navy yard**	estaleiro
nearside lane	**slow lane**	faixa de baixa velocidade (trânsito)
neat (drink)	**straight, neat**	bebida pura, sem mistura
neck	**nerve**	petulância, audácia, atrevimento
needle woman/seamstress	**seamstress**	costureira
net curtains	**sheers, underdrapes**	cortinas transparentes
news agent	**news dealer**	jornaleiro de banca de jornais
news room	**periodical room**	sala de periódicos em biblioteca
(newspaper) cutting	**(newspaper) clipping**	recorte de jornal
newsreader	**newscaster**	locutor, apresentador de noticiário
next day but one	**day after tomorrow**	depois de amanhã
night club hostess	**B-girl**	moça que entretém em bares
night safe	**night depository**	caixa eletrônico para depósitos bancários noturnos
nissen hut	**quonsent hut**	edifício militar, metálico, semicircular e pré-fabricado
no entry	**do not enter**	contramão (sinal de trânsito)
no hoarding	**no billboards**	proibido colocar cartazes
no reply	**no answer**	não atende (telefone)
non-profit-making	**nonprofit**	sem fins lucrativos
nose to tail	**bumper to bumper**	colado no carro da frente (trânsito)

INGLÊS BRITÂNICO	INGLÊS AMERICANO	PORTUGUÊS
nosebag	**feed-bag**	embornal
not at all	**you are welcome**	de nada, sempre às ordens
not for publication	**off the record**	extra-oficialmente
note, bank note	**bill**	cédula
note-case, wallet	**billfold**	carteira de dinheiro
notice board	**bulletin board**	quadro de avisos
notional income	**imputed income**	despesas de representação
nought	**zero**	zero
noughts and crosses	**tick-tack-toe, criss-cross**	jogo-da-velha
nude contract	**void contract**	contrato invalidado por não conter todas as formalidades
number plate	**license plate**	chapa de automóvel
nursery school	**pre-school**	pré-primário (escola)
O		
odd fish	**odd ball**	pessoa excêntrica, esquisita
off print	**separate**	separata
off the peg	**off the rack**	roupa pronta
offal	**variety meat**	miúdos de animal (açougue)
office block	**office building**	prédio de escritórios
off-license, wine merchant	**liquor store**	loja de bebidas
okra	**gumbo**	quiabo
old boy/girl	**alumnus/alumna**	ex-aluno (a) de escola secundária
Old English Sheep dog	**English sheep dog**	cão pastor, cão de guarda de ovelhas
one-armed bandit, fruit machine	**slot machine**	máquina caça-níqueis
one-off	**one-shot**	algo que acontece só uma vez
open cast mining	**strip mining**	mineração de superfície
open cheque	**blank check**	cheque ao portador
open goods-wagon	**gondola car**	gôndola (ferrovia)
operating theatre	**operating room/theater**	sala cirúrgica
optional	**elective**	matéria optativa (ensino superior)
ordinary mail	**regular mail**	carta simples (correios)
ordinary shares	**common stock**	ação ordinária (economia)

INGLÊS BRITÂNICO	INGLÊS AMERICANO	PORTUGUÊS
orient	**to orientate**	orientar
oven cloth/glove	**pot holder/glove**	pegador de panela
overall	**work coat**	guarda-pó, avental tipo capa
overboard	**overside**	para dentro da água pela borda de navio/barco
overheads	**overhead**	dinheiro gasto em manutenção
overhead-valve engine	**valve-in-head engine**	motor com válvula no cabeçote
overtake	**to pass**	ultrapassar veículo (trânsito)

P

P.A.Y.E. (pay as you earn)	**withholding tax**	imposto de renda retido na fonte
pack	**deck**	baralho (maço)
packed lunch/meal	**box lunch**	almoço de marmita
packet holiday	**package tour**	pacote turístico
paddle steamer	**stern-wheeler**	barco a vapor com rodas na popa
paddy whack	**tantrum**	chilique
page, pageboy, buttons	**bellhop, bellboy**	mensageiro de hotel
pager, beeper	**bleeper**	bipe
pain reliever, persomnal tablets	**pain reliever**	analgésico
panda car, black Maria	**paddy/patrol wagon**	camburão (polícia)
panel-beating shop	**body shop**	oficina mecânica
pantechnicon, removal van	**moving van, (furniture) removal truck**	caminhão de mudança
pants, briefs	**shorts**	cuecas
paper handckerchief	**tissue**	lenço de papel
paper shop	**newsstand**	banca de jornais
parade	**promenade**	calçadão, conjunto de lojas em rua, galeria
paraffin	**kerosene**	querosene
parcel	**packet**	pacote
parking bay	**parking space**	vaga de estacionamento
part loads	**package freight**	frete de pacotes

INGLÊS BRITÂNICO	INGLÊS AMERICANO	PORTUGUÊS
part-exchange	**trade-in**	pagamento feito parte em dinheiro, parte em espécie
parting	**part**	risca de cabelo
party-political broadcast	**paid political broadcast**	propaganda política paga (TV, rádio)
pass	**passing grade**	nota mínima para passar em exame
passage (way)	**hall (way)**	corredor (arquitetura)
past	**after, past**	e, depois (depois da hora) (*ten after/past ten* = dez e dez)
patience	**solitaire**	paciência (baralho)
pavement café	**sidewalk café**	café com cadeiras na calçada
pavement, footpath	**sidewalk**	calçada
pay packet	**pay envelope**	envelope de pagamento
pay policy	**wage control**	acordo salarial
paying-in book	**deposit book**	talão de depósitos bancários ou outros
PCP	**angel dust**	anestésico veterinário usado como droga alucinógena (*phencyclidine hydrocloride*)
peak-viewing-time	**prime-time television**	horário nobre de televisão
pearl, purl	**picot**	arremate de pequenos biquinhos em renda, fitas etc.
pedalo	**peddle boat**	pedalinho
pedestrian/zebra crossing	**crosswalk**	faixa de pedestres (trânsito)
pelmet	**valence**	sanefa
pen friend	**pen pal**	amigo por correspondência
penalty points	**points**	pontos por infração cometida no trânsito
penny dreadful	**dime novel**	romance barato, dramalhão, folhetim
penny farthing	**high-wheeler, ordinary**	bicicleta que tem a roda dianteira maior que a traseira
pension cover	**pension benefits**	benefícios de aposentadoria
pension plan	**retirement plan**	plano de aposentadoria particular
pentobarbiton sodium	**pentobarbital**	pentabarbitúrico
pepper pot	**pepperbox**	pimenteiro de mesa
peppercorn rent	**token rent**	aluguel simbólico
perfume, scent	**perfume**	perfume
permanent way	**roadbed**	leito de ferrovia

INGLÊS BRITÂNICO	INGLÊS AMERICANO	PORTUGUÊS
pernickety	**persnickety**	pernóstico, cheio de nove horas
persomnia tablets, pain reliever	**pain reliever**	analgésico
personal allowance	**exemption**	renda inferior à que se deve pagar imposto de renda
personal assistant	**administrative assistant**	secretário (a) pessoal
personal call	**person-to-person call**	chamada telefônica de pessoa a pessoa
perspex	**plexiglass**	plástico forte usado em lugar de vidro
pet hate	**pet peeve**	qualquer coisa que detestamos
petrol	**gas**	gasolina
petrol gauge	**gas gauge**	indicador de nível de gasolina (veículo)
petrol pump	**gas pump**	bombinha de gasolina (veículo)
phenobarbitone	**phenobarbital**	fenobarbital (medicina)
phone-in programme	**call-in program**	programa de rádio ou televisão com participação dos ouvintes
picturegoer	**moviegoer**	cinéfilo
pictures, the; cinema	**movie theater, the movies**	cinema
piece tin	**lunch box**	lancheira
piecrust frills	**fluted ruffling**	babadinhos canelados (vestuário)
pig sty	**pig pen/sty**	chiqueiro
pig tail	**braid**	trança de cabelo pendente na nuca
pillar box	**mail box, mail drop**	caixa de coleta postal na rua
pilot lamp	**pilot light**	lâmpada-piloto, de controle
pinafore dress	**jumper**	vestido sem mangas com blusa por baixo
pink	**to ping**	bater os pinos (motor de veículo)
pip	**seed**	semente pequena
pitch	**field**	área demarcada para jogo de futebol, hóquei etc.
plain	**homely**	feioso, sem graça
plait	**to braid**	trançar, fazer tranças
plaits	**braids**	trança (cabelo)
planning permission	**building permit**	licença para construção

INGLÊS BRITÂNICO	INGLÊS AMERICANO	PORTUGUÊS
plant hire	**equipment rental**	empréstimo de dinheiro para aquisição de equipamento pesado
plant pot	**flower pot**	planta de vaso
plaster, sticking plaster	**adhesive tape**	esparadrapo
plasticine	**play dough**	argila colorida para uso escolar
plate basket	**silverware tray**	bandeja de prata
platelayer	**trackman**	assentador de trilhos (ferrovia)
play to the gallery	**grandstand**	exibir-se, fazer farol
play truant	**to play hooky**	matar aula, fazer gazeta
play up	**to give trouble**	causar problema
play up	**to foul up**	funcionar mal, falhar
plimsoles, gym shoes, training shoe	**sneakers, tennis shoes**	tênis (calçado)
plough	**plows**	arado
plough	**to flunk**	ser reprovado, reprovar (escola)
plughole	**drain**	ralo de pia para escoamento de água
plus-fours	**knickers**	calções presos na altura dos joelhos
pocket money	**allowance**	mesada de criança
point (s), siding	**switch, sidetrack**	desvio (ferrovia)
point duty	**traffic control**	cabine de controle de trânsito
pointsman	**switchman**	agulheiro (ferrovia)
polish the shoes	**shine the shoes**	engraxar os sapatos
polling booth	**voting booth**	cabine de votação
polling day	**election day**	dia de eleição
polling station	**polling place**	zona eleitoral
polo	**polo shirt**	camisa polo
polo neck	**turtle neck**	gola olímpica
polony, bologna	**bologna sausage**	salsichão
pontoon	**twenty-one**	vinte-e-um (baralho)
pool/billiard room	**pool room, billiards parlor/ saloon**	salão de bilhar
popper, press studs	**snap, snaps, snap fastener**	botão de pressão
porter, caretaker	**janitor**	zelador de edifício
position	**station window**	guichê de banco, correio
post	**to station**	colocar soldados em pontos específicos

INGLÊS BRITÂNICO	INGLÊS AMERICANO	PORTUGUÊS
post	**to mail**	correspondência; postar, enviar pelo correio
post bag	**mail bag**	mala postal
postal code	**zip code**	CEP (código de endereçamento postal)
postal/banker's order	**money (transfer) order**	ordem de pagamento, vale-postal
postal shopping	**mail order buy**	compra por reembolso postal
postal vote	**absentee ballot**	voto por correspondência
poste restante	**general delivery**	posta restante (correio)
postgraduate	**graduate**	pós-graduando
postman	**mailman**	carteiro
postponement	**raincheck**	adiamento
potter	**to putter**	trabalhar sem objetivo/pressa, andar muito devagar
pouf	**hassock**	pufe (tipo de almofadão)
power cut	**power failure**	falta de energia elétrica
(power) point	**socket, outlet**	tomada (eletricidade)
prairie hare	**jackrabbit**	lebre
pram (perambulator)	**baby carriage/buggy**	carrinho de bebê
preferred shares	**preferred stock**	ações preferenciais (economia)
press studs, popper	**snap, snaps, snap fastener**	botão de pressão
press-up	**push-up**	flexão (ginástica)
pressurise	**to pressure**	pressionar usando de influência
prestige advertising	**institutional advertising**	publicidade de qualidade
printed paper rates	**third class mail**	tarifa de impressos (correio)
prison	**penitentiary**	penitenciária
prison governor, governor	**warden, prison warden**	diretor de presídio
private	**personal**	confidencial (correspondência)
private address	**home address**	endereço residencial
private detective	**private eye**	detetive particular
privy	**out house**	privada no quintal
programmed learning	**programmed instruction**	instrução programada
propelling pencil	**mechanical pencil**	lapiseira
property	**real estate**	propriedade (terras)
prostitute, tart, whore	**tramp, call girl, hooker, street walker**	prostituta
provisional licence	**learner's permit**	licença provisória para conduzir veículo
pub-crawl	**to barhop**	fazer a ronda dos bares, pubs

INGLÊS BRITÂNICO	INGLÊS AMERICANO	PORTUGUÊS
public convenience	**restroom, comfort station**	banheiro público
public prossecutor	**district attorney**	promotor público
public school	**private school**	escola particular
public transport	**public transportastion**	transporte público
pudding, sweets, afters, dessert	**dessert**	sobremesa
pull-in	**road house**	bar de beira de estrada
pullman	**parlor car**	carro *pullman* (ferrovia)
pull-up	**chin-up**	exercício de erguer o rosto até a altura da barra
pummel	**to pommel**	dar socos com as duas mãos, repetidamente
punch ball	**punch(ing) bag**	saco de couro para treino de pugilista
punch-up	**fistfight**	briga de socos
puncture	**flat tire**	pneu furado
puppy fat	**baby fat**	gordura infantil
purchase tax	**sales tax**	imposto sobre consumo de mercadoria
purl, pearl	**picot**	arremate de pequenos biquinhos em renda, fitas etc.
purpose built	**built to order**	feito sob encomenda
purse	**change purse**	bolsinha para moedas, niqueleira
push chair, baby buggy	**baby stroller**	cadeirinha de empurrar bebê
put down	**to put to sleep**	sacrificar animal doméstico
put in the family way	**to knock up**	engravidar alguém
put the black on	**to blackmail**	fazer chantagem, chantagear
put through	**to connect**	completar ligação telefônica

Q

INGLÊS BRITÂNICO	INGLÊS AMERICANO	PORTUGUÊS
quaver	**eighth note**	colcheia (música)
queen's/king'sevidenc	**state evidence**	depoimento em favor da acusação
queer	**queasy**	indisposto
queue	**line**	fila
quick freeze	**to flash freeze**	congelar alimentos rapidamente

INGLÊS BRITÂNICO	INGLÊS AMERICANO	PORTUGUÊS
quieten	**to quiet down**	acalmar, pacificar
quinine water	**tonic water**	água tônica
quotation marks	**inverted commas**	aspas

R

INGLÊS BRITÂNICO	INGLÊS AMERICANO	PORTUGUÊS
rabbit	**dub**	esportista medíocre, principiante
racecourse	**racetrack**	pista de corrida de cavalos
racing car	**race car**	carro de corrida
radioactive waste	**rad-waste**	lixo radioativo
rag-and-bone-man, ragman, ragpicker	**junk man**	negociante de artigos de segunda mão, brechó
railway	**railroad**	estrada de ferro
railway station	**railroad station**	estação ferroviária
railwayman	**railroader**	ferroviário
rain off	**to rain out**	cancelar/adiar devido à chuva
raincoat, mackintosh	**raincoat**	capa de chuva
ramp, sleeping policeman	**bump, thank you ma'm**	quebra-mola, obstáculo (trânsito)
rape	**canola**	canola (*canadian oil*), colza
rate payer	**tax payer**	contribuinte (imposto)
reader	**associate professor**	professor associado (ensino superior)
real tennis	**court tennis**	tênis (esporte)
recepcionist	**desk ckerk**	recepcionista (hotel)
reception desk	**(front) desk**	recepção (hotel)
recorded delivery	**certified mail**	carta registrada
reef knot	**square knot**	nó duplo
refer to drawer, dude cheque	**insuficient funds**	cheque sem fundos
refuse worker	**dustman**	coletor de lixo, gari
registered post	**registered mail**	correspondência registrada
registrar, houseman	**resident physician, intern**	médico residente
rejig	**to rejigger**	rearrumar, rearranjar, suprir com novo equipamento
relative majority	**plurality**	maioria simples de votos
remand home, boarstal	**reformatory, reform school**	reformatório de delinqüentes juvenis
remission	**time off**	redução de pena (presídio)
remould, retread	**to recap**	recauchutar pneu

INGLÊS BRITÂNICO	INGLÊS AMERICANO	PORTUGUÊS
removal van, pantechnicon	**moving van, furniture removal truck**	caminhão de mudança
removals	**mover**	companhia de mudanças
rent boy	**hustler**	prostituto jovem e sem moradia, michê
rental library	**lending library**	biblioteca circulante paga
renter	**distributor**	distribuidor de filmes
repairing lease	**net lease**	aluguel mais despesas
repetition work	**assembly-line work**	linha de montagem
request stop	**flag stop**	parada não obrigatória (transporte)
resale price maintainance	**price control**	controle de preços
reserve	**reservation**	reserva ecológica
reserve supply	**back log**	reserva, estoque
reset, fence	**to fence**	receptar mercadoria roubada
retail price index	**consumer price index**	índice de preços
retread, remould	**to recap**	recauchutar pneu
return post	**return mail**	pela volta do correio
return ticket	**round-trip ticket**	bilhete, passagem de ida e volta
reverse	**to back up**	dar marcha a ré (veículo)
reverse charges	**call collect**	chamada telefônica a cobrar
reverse lamp, reversing lights	**backup light**	luz de ré (veículo)
revision	**review**	revisão de matéria
right-angled triangle	**right triangle**	triângulo retângulo
rightwards	**rightward**	para a direita
ring	**to band**	anelar, colocar anel de identificação em aves
ring off	**to hang up**	desligar chamada telefônica, colocar fone no gancho
ring pull	**(can) tab**	anel em latas (para abri-las)
ring spanner	**box end wrench**	chave de porca, chave inglesa
ring up	**to call/phone**	fazer chamada telefônica
ringbinder	**loose-leaf notebook**	fichário (caderno)
rise	**raise**	aumento de salário
rises and falls	**gains and losses**	altas e baixas (economia)
risk capital	**venture capital**	capital de risco
road accident, casualty	**automobile accident**	acidente de carro
road sweeper	**street cleaner**	gari, varredor de rua
road works	**men working**	homens trabalhando (sinal de trânsito)

INGLÊS BRITÂNICO	INGLÊS AMERICANO	PORTUGUÊS
rock	**rock candy**	bastão de açúcar cândi
roll of honour	**honor roll**	lista de honra
rolled gold	**filled gold**	banhado a ouro
roll-on girdle	**girdle**	cinta-liga
roof	**top**	capota, topo (veículo)
roof lamp	**dome light**	luz de teto (veículo)
round	**around**	em volta, em movimento circular
(round) brackets	**parentheses**	parêntesis
roundabout	**traffic circle**	rotatória (trânsito)
row, cafuffle	**row, disorder**	baderna
rowing boat	**row boat**	barco a remo
rowlock	**oarlock**	forqueta náutica
rub along	**to get by**	ir indo, ir levando, dar-se bem com alguém
rubber	**eraser**	borracha de apagar
rubber band	**elastic band**	elástico circular
rubbish	**garbage, trash**	lixo
(rubbish) tip	**(garbage) dump**	depósito de lixo
rucksack	**backpack**	mochila
rumbustious	**rambunctious**	barulhento, indisciplinado
run in	**to break in**	amaciar motor

S

INGLÊS BRITÂNICO	INGLÊS AMERICANO	PORTUGUÊS
sack	**to fire**	despedir do emprego
safebreaker	**safecracker**	arrombador de cofres
saleroom	**salesroom**	salão de exposição de objetos, especialmente em leilão
salesclerck	**shop assistant**	balconista
saleswoman	**saleslady**	balconista, vendedora
saloon car	**sedan**	sedan, carro passeio de quatro portas
saltings	**salt marsh**	salgadio
sanatorium	**sanitarium**	casa de repouso, hospital residencial
sandpit	**sandbox**	chiqueirinho de areia (parquinho infantil)
sandwich cake, gateau	**layer cake**	bolo em camadas, torta (culinária)

INGLÊS BRITÂNICO	INGLÊS AMERICANO	PORTUGUÊS
sandwich tin	**layer cake pan**	fôrma para bolo em camadas (culinária)
sanitary towel	**sanitary napkin**	absorvente higiênico
sauce	**to sass**	falar de maneira atrevida, insolente com os mais velhos
saucy, cheecky	**sassy, fresh**	atrevido
S-bend, double bend	**S-curve**	curva em S (rodovia)
scaffold, cradle	**scaffold**	andaime suspenso
scarper	**to run away**	fugir, dar no pé
scent, perfume	**perfume**	perfume
school mistress	**school teacher**	professora de ensino secundário
scrap paper	**scratch paper**	papel reutilizado para rascunho
scratch	**scratch line**	linha de partida (esporte)
scratchings	**pork rinds**	torresmo em tiras
scribbling block/pad	**scratch pad**	bloco para rascunho
scrubbing brush	**scrub brush**	escova para limpeza pesada
scrutineer	**ballot inspector**	escrutinador, fiscal de apuração eleitoral
sea ranger	**mariner**	marinheiro
sealed road	**paved road**	estrada/via pavimentada
seamstress, needle woman	**seamstress**	costureira
season ticket	**commutation ticket/book**	bilhete múltiplo, passagem múltipla
secateurs	**pruning shears**	tesoura de podar
secondary action	**by-play**	ação secundária no palco
secondary subject	**minor subject**	matéria, disciplina secundária (escola)
seedsman	**seedman**	negociante de sementes e artigos de horticultura
see-saw	**teeter-totter**	gangorra
self-drive car, drive yourself car	**rental car**	carro de aluguel
self-raising flour	**self-rising flour**	farinha de trigo com adição de fermento
self-service canteen	**cafeteria**	lanchonete *self-service*
sellotape	**Scotch tape**	fita adesiva, tipo Durex
semi-breve	**whole-note**	semibreve (música)
semi-detached house	**side-by-side duplex**	casa semigeminada
semi-quaver	**sixteenth note**	semicolcheia (música)
semitone	**half step**	meio tom (música)

INGLÊS BRITÂNICO	INGLÊS AMERICANO	PORTUGUÊS
service engineer	**skilled mechanic**	técnico especializado
service flat	**apartment hotel**	apart-hotel, flat, hotel residência
serviette, napkin	**napkin**	guardanapo
set book	**required reading**	leitura para exame
set meal	**table d'hôte**	cardápio fixo, sugestão da casa (restaurante)
set square	**triangle**	régua triangular
share certificate	**stock certificate**	certificado/título de ações
shareholder	**stockholder**	acionista
shares	**stocks**	ações (finanças)
sharpen	**to sharp**	aumentar meio tom (música)
shirtfront	**bosom of shirt**	peitilho de camisa
shirtwaister	**shirtwaist**	blusa ou vestido *chemisier*
shoelace, bootlace	**bootlace, shoestring**	cadarço de sapato
shop	**store**	loja
shop assistant	**sales clerck**	vendedor de loja
shop spoiled	**shopworn**	gasto pelo manuseio e exposição em loja
shop walker	**floor walker**	chefe de seção em loja de departamentos
shopping precint	**shopping mall**	calçadão
shopping trolley	**shopping cart**	carrinho de supermercado
short commons	**short rations**	prato feito de estudante
short film	**short subject**	filme de curta metragem
shorthand typist	**stenographer**	taquígrafa, estenógrafa
shortsighted	**near sighted**	míope
shotaway chin	**receding chin**	queixo ágnoto
shot; jab	**shot**	injeção; agulhada
shunt	**to sidetrack**	movimentar trem de um trilho para outro, especialmente para um desvio
shuttlecock	**birdie, shuttlecock**	peteca
side plate	**bread plate**	pratinho para pão
sideboard	**buffet**	aparador, bufê
sideboards	**sideburns**	costeletas (barba)
sidelight	**parking light**	luz de estacionar (veículo)
siding, point (s)	**switch, sidetrack**	desvio (ferrovia)
silencer, exhaust silencer	**muffler**	silencioso, silenciador (veículo)
silent film	**silents**	filme mudo
silver wedding	**silver anniversary**	bodas de prata

INGLÊS BRITÂNICO	INGLÊS AMERICANO	PORTUGUÊS
simpleton, gaby, mental	**simpleton, simple minded**	simplório
single ticket	**one-way ticket**	bilhete de ida
single track	**one way/lane**	via única (ferrovia)
single's bar	**dating bar**	bar de solteiros
sit in	**to audit**	assistir curso como ouvinte
sitting/living room	**living room**	sala de estar
situations vacant	**help wanted**	precisa-se (de empregado) (anúncio em jornal)
six over six	**20-20, twenty-twenty**	visão normal (oftalmologia)
skeleton key	**master key**	chave-mestra
skip	**dumpster**	caçamba
skipping-rope	**jump rope**	corda de pular
skirting board	**baseboard**	rodapé
sledge	**sled**	trenó
sleeper	**tie**	dormente (ferrovia)
sleeping car	**pullman, sleeper**	vagão-leito (ferrovia)
sleeping partner	**silent partner**	sócio comanditário (economia)
sleeping policeman, ramp	**thank you ma'm, speed bump**	lombada, quebra-mola (trânsito)
sleeve	**jacket**	capa de disco
sleeve notes	**liner notes**	informação contida em orelha de livro/capa de disco
sleevelink	**cufflink**	abotoadura de camisa
slide, hairslide	**barrete**	fivela de cabelo
slip road	**on-ramp**	rampa de acesso (rodovia)
slowcoach	**slowpoke**	moleirão, molenga, lerdo
small ax	**pompier hatchet**	machadinha de bombeiro
small beer	**small potatoes**	bagatela, arraia miúda, pessoa ou coisa sem importância
smalls	**underwear**	roupa íntima feminina
smoke room	**smoking room**	salão de fumar
snigger	**snicker**	riso contido, abafado
snips	**tin shears**	tesoura para metais
snowslip	**avalanche**	avalanche de neve
social	**sociable**	reunião social de um grupo em clube, igreja
Sod's law	**Murphy's law**	lei de Murphy
soft fruit	**small fruit**	frutas pequenas que crescem em arbustos
soldiers, fingers	**bread strips**	tirinhas de pão para comer com ovo mole

INGLÊS BRITÂNICO	INGLÊS AMERICANO	PORTUGUÊS
sonnet	**to sonnetize**	escrever sonetos
sorbet, ice, water ice	**sherbet**	picolé de frutas
souered cream	**sour cream**	creme de leite azedo
spanner	**wrench, monkey wrench**	chave inglesa, chave de boca
spare ground	**vacant lot**	terreno baldio
spare/guest room	**guest room**	quarto de hóspedes
sparkling plug	**spark plug**	vela de ignição
spatula	**tongue depressor**	espátula para abaixar língua (medicina)
speaking clock	**time signal**	serviço de hora certa pelo telefone
speciality	**specialty**	especialidade
spectator's terrace	**observation desk**	terraço de aeroporto
spirit lamp	**alcohol lamp**	lâmpada a álcool
spirit level	**level**	instrumento de nivelação
spirits	**(hard) liquor**	bebida alcoólica forte
spitoon	**cuspidor**	escarradeira, cuspidor
spiv	**petty thief**	malandro, sujeito que vive de expediente
splodge	**splotch**	borrão de substância espessa e não absorvida
sponge bag	**toilet kit**	sacolinha para artigos de toalete, de banho
sponge/finger biscuits	**ladyfingers**	biscoito inglês
sports	**sport**	esportivo
sports broadcast	**sportcast**	noticiário esportivo
spotted	**dotted**	tecido estampado de bolinhas
spring balance	**spring scale**	balança de mola
spring onion	**scallion, green onion**	cebolinha verde
spring roll	**egg roll**	rolinhos primavera (culinária chinesa)
(square) brackets	**brackets**	colchetes (sinal gráfico)
ssh	**shh**	psiu (Silêncio!)
stable door	**Dutch door**	porta dividida horizontalmente
staff	**faculty**	corpo docente (ensino superior)
staff	**rod, staff**	vara de medição (agrimensura)
staffman	**rodman**	porta-mira (agrimensura)
stalking	**still hunting**	caça ao gamo na reserva
stalls	**orchestra**	platéia (teatro)

INGLÊS BRITÂNICO	INGLÊS AMERICANO	PORTUGUÊS
stand	**to run**	candidatar-se (política)
stand off	**lay off**	despedir empregados sobressalentes
standard lamp	**floor lamp**	abajur de chão
stare out	**to stare down**	obrigar alguém a abaixar os olhos, olhando fixamente
starting stalls	**starting gate**	barreira mecânica (corrida de cavalos)
state school	**public school**	escola pública, do governo
station foreman	**stationmaster**	chefe de estação (ferrovia)
statute law	**statutory law**	leis estabelecidas pelo Parlamento ou similares
statutory rights	**consumer rights**	direitos do consumidor
steam navvy	**steam shovel**	escavadeira a vapor
steam organ	**calliope**	órgão a vapor (música)
steam roller	**steam roll**	compressor, rolo compressor
stick insect	**walking stick**	inseto sem asas
sticking plaster, plaster	**adhesive tape**	esparadrapo
stockbroking	**stockbroakerage**	corretagem em Bolsa de Valores
stockjobber	**stockbroker**	corretor intermediário da Bolsa de Valores
stone	**pit**	caroço de fruta; descaroçar
stopping train	**local train**	trem leiteiro, que pára em todas as estações
straight	**straighway**	reta em pista de corrida
straight on	**straight ahead**	sempre em frente
stream	**track**	divisão de uma classe escolar pela habilidade dos alunos
strip cartoon	**comic strips**	história em quadrinhos
strong room van	**armored car**	carro blindado
stump	**stub**	canhoto de carnê, cheque
subedit	**copyread**	copidescar
subeditor	**proof reader**	copidesque
subscriber trunk dialing	**direct distance dialing**	discagem direta a distância (telefonia)
subsistence allowance	**subs advance payment**	adiantamento de salário
subway	**pedestrian underpass**	passagem subterrânea para pedestres
sugar basin	**sugar bowl**	açucareiro
summertime	**daylight-saving time**	horário de verão

INGLÊS BRITÂNICO	INGLÊS AMERICANO	PORTUGUÊS
sump	**oil pan, crank case**	cárter (veículo)
Sunday trading	**Sunday opening**	abertura do comércio aos domingos
sunray pleats	**sunburst pleats**	*plissê soleil* (costura)
supply teacher	**substitute teacher**	professor substituto (ensino primário e secundário)
surgery	**Office (dentist's, doctor's)**	consultório médico, dentário
surgical spirit	**rubbing alcohol**	álcool cirúrgico
suspenders, braces	**suspenders, garters**	suspensórios
swallow dive	**swan dive**	salto de anjo (natação)
swede	**rutabaga**	couve-rábano, rutabaga
sweet corn cobs	**corn on the cob**	espiga de milho cozida
sweet oil	**olive oil**	azeite de oliva
sweet shop	**candy store**	confeitaria, doceria
sweets, chocolate	**candy**	doces em geral
sweets, pudding, afters, dessert	**dessert**	sobremesa
swimming bath	**indoor swimming pool**	piscina interna, coberta
swindle, fiddle	**swindle**	trapaça; trapacear
swine fever	**hog cholera**	cólera suína
Swiss roll	**jelly roll**	rocambole (culinária)
switch back, big dipper	**roller coaster**	montanha-russa (diversão)
swollen head	**big head**	cabeça inchada, pessoa convencida de sua importância

T

INGLÊS BRITÂNICO	INGLÊS AMERICANO	PORTUGUÊS
table spoon	**serving spoon**	colher de servir
tack	**basting stich**	alinhavo
tadpole	**pollywog**	girino
tailback	**backup**	congestionamento de trânsito
tailboard	**tailgate**	porta de carroceria de caminhão
take in a subscription	**to subscribe**	assinar jornal/revista
tall story	**tall tale**	história exagerada
tallboy	**highboy**	cômoda alta
tally shop, warehouse stores	**discount house/stores**	loja de descontos
tank traps	**dragon's teeth**	obstáculos dentados contra carros blindados e tanques
tankard	**stein**	copo com tampa para cerveja

tap	**faucet, spigot, tap**	torneira
tart, prostitute, whore	**tramp, call girl, hooker, street walker**	prostituta
tassle	**corn silk**	cabelo de milho, barbas de milho
tea trolley	**tea cart**	carrinho de chá
teaching practice	**student teaching**	período de lecionar como estagiário
teashop	**tearoom**	salão de chá
teat	**nipple**	bico de mamadeira
telegram	**wire**	telegrama
telephonist	**operator**	telefonista
telly	**TV**	tevê
tenpin lawn/bowling	**tenpins, bowls**	boliche
term	**semester, term**	semestre escolar
terraced house	**row house**	casa geminada dos dois lados
terraces	**standing room**	lugares em estádio para espectadores em pé
theatre sister	**operating room nurse**	enfermeira de sala cirúrgica
theatrical manager	**producer**	produtor teatral
thermionic valve	**thermionic tube**	válvula termiônica
thinning scissors	**thinning shears**	tesoura de desfiar cabelo
through	**connected**	ligação completada via telefonista
thumb a lift	**to thumb a ride**	pedir carona, conseguir carona
tick	**check**	ficha de objetos deixados em custódia; aceitar, deixar objetos em custódia
(tick) off	**to check (off)**	ticar, conferir
ticket clerck	**ticket agent**	bilheteiro (ferrovia)
ticket inspector, guard	**conductor**	guarda que verifica os bilhetes (ferrovia)
ticket printing machine	**ticket stamping machine**	máquina de emitir bilhetes
tights	**panty hose**	meia-calça
timber	**lumber**	madeira para construção
timberyard	**lumberyard**	depósito de madeira
time off in lieu	**compensatory time**	compensação de horário extra de trabalho
time sheet	**time card**	cartão de ponto
time table	**schedule**	horário de partida e chegada (de trens, ônibus, aviões)

INGLÊS BRITÂNICO	INGLÊS AMERICANO	PORTUGUÊS
tin	**can**	lata
tin opener	**can opener**	abridor de lata
tip one's hat/lid	**to raise one's hat**	cumprimentar com o chapéu
tip, rubbish tip	**(garbage) dump**	depósito de lixo
tipping body	**dump body**	carroceria basculante (caminhão)
titbit	**tidbit**	salgadinho
toady	**toady, apple polisher**	bajulador
tobacconist	**cigar store, tobacconist**	tabacaria
toilet, loo, W.C., lavatory	**john, bathroom, toilet**	banheiro, toalete
to let	**for rent**	aluga-se (anúncio)
token, gift token/voucher	**gift certificate**	vale-presente (comércio)
tomato purée	**tomato paste**	massa de tomate
torch	**flash light**	lanterna, farolete
tote	**parimutuel machine**	máquina com número de apostas em cada cavalo (turfe)
tout	**scalper**	cambista de bilhetes de teatro
towards	**toward**	em direção a
toweling robe	**terrycloth robe**	roupão felpudo
town council	**city council**	Câmara Municipal
track rod	**tie bar**	tirante (automóvel)
trade cycle	**business cycle**	ciclo comercial
trade union	**labor union**	sindicato
traffic block	**traffic jam**	engarrafamento de trânsito
traffic signal	**stop lights, traffic signals**	semáforo
traffic warden	**traffic officer**	guarda de trânsito
training college	**teacher's college**	faculdade de educação (ensino superior)
training shoe, gym shoes, plimsoles	**sneakers, tennis shoes**	tênis (calçado)
tram	**street car**	bonde
tramway depot	**car barn**	estação de bondes
transfer	**decal**	decalque, decalcomania
transport café	**truck driver's all night diner**	restaurante 24 horas em beira de estrada
transport system	**transit system**	sistema de transporte
transportation	**transport**	condução
trapezium	**trapezoid**	quadrilátero com apenas dois lados paralelos

INGLÊS BRITÂNICO	INGLÊS AMERICANO	PORTUGUÊS
trapezoid	**trapezium**	quadrilátero sem nenhum lado paralelo
traps	**gear**	coisas, trens, pertences, parafernália
travel sickness	**motion sickness**	enjôo de viagem
travelling expenses	**travel expenses**	despesas de viagem a serviço, pagas pelo empregador
travelling rug	**lap robe**	manta de viagem
travolator	**moving sidewalk**	esteira rolante para passageiros em aeroporto
tread	**to track**	deixar rastros/pegadas no chão
trick cyclist	**head shrinker**	psiquiatra
trilby	**fedora**	chapéu de feltro tipo diplomata
trolley	**cart**	carrinho de compras
trouser suit	**pants-suit**	terno de mulher
trousers	**pants, slacks**	calças
truckle bed	**trundle bed**	cama interna de uma bicama
trumps	**trump**	naipe de trunfo (baralho)
truncheon	**night stick**	cassetete
trunk call	**long distance call**	chamada telefônica interurbana
tube, underground	**subway, metro**	metrô
turf out	**to throw out**	expulsar
turn-ups	**cuffs**	bainha, barra de calça comprida
turning	**cross street**	travessa, rua transversal
turning, beyond the next	**next block**	próximo quarteirão
turnround	**turnaround**	tempo gasto em receber e desembarcar mercadoria
turntable ladder	**aerial ladders**	escada Magirus (bombeiros)
tussore	**tussah**	*tussor* de seda (tecido)
tuxedo	**dinner jacket**	traje masculino para jantar de gala, *smoking*
twenty questions	**Animal, Vegetal or Mineral**	brincadeira de adivinhar o que uma pessoa está imaginando, fazendo-lhe perguntas
twin with	**sister-citied with**	cidades irmãs

INGLÊS BRITÂNICO	INGLÊS AMERICANO	PORTUGUÊS

U

U certificate	**G rating**	certificado de filme com censura livre
under observation	**patrolled**	moradia sob proteção policial
underdone	**rare**	malpassado (culinária)
underfelt	**rug pad**	forro antiderrapante para tapete
underground, tube	**subway, metro**	metrô
underseal	**undercoat**	camada de tinta anticorrosiva em veículos
undressing robe	**dressing gown**	penhoar (vestuário)
unemployment benefit	**unemployment pension**	auxílio desemprego
unit of account	**money of account**	moeda de cálculo
unit trust	**mutual fund**	fundo mútuo (economia)
up	**out of bed**	fora da cama, de pé
upmarket	**upscale**	relativo a bens de consumo para classes privilegiadas

V

vacuum bottle	**vacuum flask**	garrafa térmica
valency	**valence**	valência (química, biologia)
valve	**vacuum/electron tube**	válvula eletrônica
van, delivery van	**delivery truck**	caminhão de entrega
vaulting horse	**pommel horse**	cavalo de pau (ginástica)
veranda	**porch**	varanda
vertical frame saw	**gang mill**	serra vertical
vest	**undershirt**	camiseta
vet	**to check**	avaliar, aquilatar
veterinarian surgeon	**veterinarian**	veterinário
vibraphone	**vibraharp**	vibrafone
vice-chancellor	**president**	reitor de universidade
visiting card	**call card**	cartão de visitas
visually position	**to eyeball**	olhar fixamente
vulgar fraction	**common fraction**	fração ordinária (matemática)

W

INGLÊS BRITÂNICO	INGLÊS AMERICANO	PORTUGUÊS
wage earner	**wage-worker**	assalariado
wages sheet	**payroll**	folha de pagamento
wagon, carriage	**car**	vagão (ferrovia)
waiscot	**vest**	colete
walking stick	**cane**	bengala
wallet, note-case	**billfold**	carteira de dinheiro
War of American Independence	**American Revolutionary War**	Guerra da Independência Americana
warehouse stores, tally shop	**discount house, discount stores**	loja de descontos
warning cross	**crossbuck**	sinal de cruzamento (ferrovia)
(wash) basin	**sink, washbowl**	pia de banheiro/quarto
wash up	**to do the dishes**	lavar a louça
wash one's hands	**to wash up**	lavar-se
washing machine	**washer**	máquina de lavar roupa
washing powder	**soap powder, laundry soap**	sabão em pó
washing up bowl	**dishpan**	bacia para lavar louça
washing up liquid	**dishwashing liquid**	detergente líquido
washing up machine	**dish washer**	máquina de lavar louça
waste-paper basket	**wastebasket**	cesto para papel
watchstrap	**watchband, watchstrap**	correia de relógio de pulso
water butt	**rain barrel**	barril coletor de água de chuva
water cart	**watering cart**	caminhão de lavar a rua
water diviner	**waterfinder**	pessoa que localiza água subterrânea
water ice, ice, sorbet	**sherbet**	picolé de frutas
water pistol	**squirt gun, water pistol**	pistola de água
watering can	**watering pot**	regador
W.C., lavatory, toilet, loo	**john, bathroom, toilet**	banheiro, toalete
weepers	**crepe**	véu de luto, fumo de chapéu
Welsh dresser	**hutch**	arca-oratório
Wendy house	**play house**	casinha de brinquedo
wheel/invalid chair	**wheel chair**	cadeira de rodas
whirlwind	**tornado**	furacão
white of egg	**egg-white**	clara de ovo
white wax	**paraffin**	parafina
wholemeal	**whole wheat**	farinha de trigo integral
whore, prostitute, tart	**tramp, call girl, hooker, street walker**	prostituta

INGLÊS BRITÂNICO	INGLÊS AMERICANO	PORTUGUÊS
windcheater	**windbreaker**	blusão, jaqueta contra o vento
windmill	**pinwheel**	cata-vento
window winder	**window roller**	maçaneta de janela de veículo
windscreen	**windshield**	pára-brisa (veículo)
wine bibber	**wino**	beberrão de vinho
wine merchant, off-license	**liquor store**	loja de bebidas
wing mirror	**side mirror**	espelho retrovisor externo (veículo)
wing, mudflap	**fender, splash guard**	pára-lama (veículo)
wireless (set)	**radio (set)**	aparelho de rádio
witness box	**witness stand**	banco de testemunhas
wolf cub	**cub scout**	lobinho (escotismo)
woodman, forest labourer	**lumberer, timberman**	lenhador
woodshavings	**excelsior**	maravalhas para enchimento, estofagem
word-perfect	**letter-perfect**	sem erro, verbatim
workhouse	**poorhouse**	asilo de pobres que trabalham em troca de alojamento
working day	**workday**	dia útil
works	**machinery**	mecanismo
work-to-rule	**to work by the book**	fazer greve branca

Z

INGLÊS BRITÂNICO	INGLÊS AMERICANO	PORTUGUÊS
zebra/pedestrian crossing	**crosswalk**	faixa de pedestres (trânsito)
zed	**Zee**	z (a letra z)
zip (fastener)	**Zipper**	zíper, feixo éclair

PORTUGUÊS
INGLÊS AMERICANO
INGLÊS BRITÂNICO

PORTUGUÊS	INGLÊS AMERICANO	INGLÊS BRITÂNICO

A

abacate	**avocado**	avocado pear
abafado (ar, ambiente)	**stuffiness**	fug
abaixar luz de veículo	**to dim**	to dip
abajur de coluna, de chão	**floor lamp**	standard lamp
abajur de haste flexível	**gooseneck lamp**	flexible lamp
abarrotado	**jammed**	jammed, jam-packed
abecedário	**ABC's**	ABC
abertura do comércio aos domingos	**Sunday opening**	Sunday trading
abóbora	**squash**	marrow
abobrinha	**zucchini**	courgette
abortar	**to miscarry**	to abort
aborto ilegal	**back alley abortion**	back street abortion, back alley abortion
abotoadura de camisa	**cufflink**	sleevelink, cufflink
absorvente higiênico	**sanitary napkin**	sanitary towel
abuso de drogas	**drug abuse**	drug misuse
acalentar	**to fondle**	to fondle/nurse
acalmar	**to quiet (down)**	to quieten
ação ordinária (financeiro)	**common stock**	ordinary shares
ação secundária (teatro)	**byplay**	secondary action
acelerador (veículo)	**gas pedal**	accelerator
acesso direto	**random access**	random access, direct access
"achado" (compra vantajosa)	**bargain, steal**	bargain, snip
achados e perdidos, seção de	**lost and found**	lost property office
acidente de automóvel	**automobile accident**	road accident, casualty
acionista	**stockholder**	shareholder
aclimatar	**to acclimate**	to acclimatise
ações (financeiro)	**stocks**	shares
ações ordinárias (financeiro)	**common stock**	ordinary shares
ações preferenciais (financeiro)	**preferred stock**	preference shares
acolchoado	**comforter, quilt**	quilt
acompanhamento de assados (culinária)	**trimmings, fixings**	trimmings
acordo salarial	**wage control**	pay policy
acostamento (rodovia)	**pull-off**	lay-by
açougue	**butcher shop**	butcher's
acrobacias aéreas	**fly over, fly by**	fly past

PORTUGUÊS	INGLÊS AMERICANO	INGLÊS BRITÂNICO
açúcar de confeiteiro	**confectioner's sugar, powdered sugar**	icing sugar
açúcar mascavo	**brown sugar**	Demerara/soft/sand sugar
açucareiro	**sugar bowl**	sugar basin
aculturação	**socialization**	socialization, enculturation
acumulada, aposta	**parlay**	accumulator bet
acumulada, fazer aposta	**to parlay**	to double up
acumulador de bateria	**storage battery**	accumulator
adiantamento de salário	**subs/advance payment**	subsistence allowance
adulterar, falsificar	**to cook**	to tamper with/falsify
advogado causídico	**trial lawyer**	barrister
advogado medíocre, de porta de cadeia	**ambulance chaser**	accident tout
advogado no foro, inscrito como	**admitted to practice**	called to the bar
aeromoça	**flight attendand, stewardess**	air hostess
afogador (veículo)	**choker, throttle**	strangler
afta	**canker sore**	canker
agasalho três-quartos com capuz, anoraque	**parka**	anorak
agência de aluguel de veículos	**car rental agency**	car hire firm
agência de veículos (compra e venda)	**car agency, car dealer**	motor firm
agência funerária	**funeral parlor/home**	funeral parlour
agente de câmbio	**discounter**	bill broker
agente funerário	**undertaker, mortician**	undertaker
água gasosa	**soda water**	soda water, sparkling water
água gelada	**ice water**	iced water
água mineral	**mineral water**	mineral water, minerals
água tônica	**tonic water**	quinine water
agulheiro (ferrovia)	**switchman**	pointman
ajantarado, lanche reforçado que substitui o jantar	**light supper**	knife and fork tea
ajuda	**help, aid, assist**	aid, help
ajudante de garção	**busboy**	commis waiter
alavanca de câmbio (veículo)	**gear shift, shift stick**	gear lever
alavanca para trocar pneus (veículo)	**tire iron**	tyre lever
albergue, pensão barata	**flop house**	doss house
álcool cirúrgico	**rubbing alcohol**	surgical spirit

PORTUGUÊS	INGLÊS AMERICANO	INGLÊS BRITÂNICO
alface romana	**romaine lettuce**	cos lettuce
alfafa	**alfafa**	alfafa, lucerne
alfinete de gravata	**tie pin, stick pin**	tie pin, breast pin
algodão de açúcar (confeitaria)	**cotton candy, spun sugar**	candy floss
algodão farmacêutico	**absorbent cotton**	cotton wool
alimentação intravenosa	**intravenous feeding**	drip-feed
alinhavar (costura)	**to baste**	to baste/tack
almoço à americana	**buffet luncheon**	fork luncheon
almoço de marmita	**box lunch**	pack lunch
almofadinha (pessoa) (figurado)	**dandy, Beau Brummell**	dandy
altas e baixas da Bolsa de Valores	**gains and losses**	rises and falls
aluga-se (imóvel)	**for rent**	to let
aluguel mais despesas (imóvel)	**net lease**	repairing lease
aluguel simbólico (imóvel)	**token rent**	peppercorn rent
alumínio	**aluminum**	aluminium
aluno interno	**resident student**	boarder
aluno semi-interno	**day student**	day boy/girl
alvará	**operator's license, permit**	licensing
alvará para construção	**building permit**	planning permission
amaciar (motor de veículo)	**to break in**	to run in
amendoim	**peanut**	peanut, groundnut, monkey nut
amistoso (jogo)	**exhibition game**	friendly
amortecedor (ferrovia)	**bumper**	buffer
analista (psicanálise)	**head shrinker**	trick cyclist
andadeiras	**leading strings**	leading straps
andador (infantil)	**go-cart**	baby-walker
andador para adulto incapacitado	**walker for disabled person**	zimmer aid/frame
andaime suspenso	**scafold**	cradle, scafold
andar térreo	**first floor**	ground floor
anel rodoviário	**belt highway, beltway**	ring road
anelar (colocar anel em aves para identificar)	**to band**	to ring
anil, pedra de (lavanderia)	**blueing**	bag-blue, blueing
animador (TV)	**quizmaster**	quizmaster, question master
-anista (sufixo) (como em primeiro-anista)	**grader**	former

PORTUGUÊS	INGLÊS AMERICANO	INGLÊS BRITÂNICO
ano escolar/letivo	**school year**	academic year
ano fiscal	**fiscal year**	financial year
antena de rádio, carro, televisão	**antenna**	aerial
antiderrapante de tapete	**rug pad**	underfelt
anti-horário, sentido	**counterclockwise**	anti-clockwise
antitruste	**antitrust**	antimonopolist
antolhos	**blinkers, blinders**	blinkers
anúncio (jornal)	**ad, advertisement**	advert, advertisement, ad
anúncio classificado (jornal)	**want ad**	classified ad, small ad
aparelho de rádio	**radio (set)**	wireless (set)
aparelho de som	**stereo system**	music centre
aparelho para surdez	**hearing aid**	deaf aid
apartamento	**apartment**	flat
apartamento de quarto e sala	**one room apartment**	bed-sitter
apart-hotel	**apartment hotel**	service flat
apelido	**nickname, byname**	nickname
apendectomia	**appendectomy**	appendicectomy
aperto de mão	**handshake, handclasp**	handshake
apetrechos	**gear**	traps
apoio para cabeça (automóvel)	**headrest**	head restraint
aposentadoria, benefícios de	**pension benefits**	pension cover
aposta	**gamble, bet**	gamble, bet, flutter
apostar	**to gamble/bet**	to gamble/bet/flutter
aprendiz de motorista	**student driver**	L-driver
apresentador (televisão)	**announcer, host**	presenter
aprisco	**sheepfold**	sheepfold, sheepcote
aprovação com nota máxima	**full approval**	full marks
aquecedor de água a gás	**water heater**	geyser, calorifier
aquecedor de água elétrico	**electric water heater**	immersion heater
aquecedor de ambiente	**heater**	fire
aquietar	**to quiet down**	to quieten
ar viciado (sem ventilação)	**stuffiness**	fug
ar viciado com mau cheiro	**musty**	frowsty
arado	**plow**	plough
arame farpado	**barbed wire**	barbwire
arca-oratório	**hutch**	Welsh dresser
área verde ao redor de cidade (cinturão verde)	**no-building zone**	green belt
arma de dardos para anestesiar animais	**darter**	dart gun

PORTUGUÊS	INGLÊS AMERICANO	INGLÊS BRITÂNICO
armarinho	**furnishings**	habberdashery
armário de bebidas	**liquor cabinet**	drinks cabinet/cupboard
armários de cozinha	**kitchen cupboards**	fitted units
armários embutidos	**built in cupboards/closets**	fitted cupboards
armazém de carga (ferrovia)	**freight house**	goods shed
arraia-lixa	**stingray**	stingray, fire-flair
arranha-céu	**skyscraper**	tower block
arranjar-se	**to get by**	to rub along
arrepio de medo ou frio	**goose bumps**	goose pimples/flesh
arrieiro	**muleteer, mule skinner**	muleteer
arrombador de cofres	**safecracker**	safebreaker, safecracker
arroz-doce	**rice pudding**	milk pudding
arruaceiro	**hooligan, hood (lum)**	hooligan
artista (pintor) de rua	**sidewalk artist**	pavement artist
ascensorista	**elevator operator**	liftman
asilo de idosos	**old people's home**	almshouse
aspas	**inverted commas**	quotations marks
aspirador de pó	**vacuum cleaner**	hoover, vacuum cleaner
assadeira rasa (culinária)	**cookie sheet**	baking tray
assadura de pele de bebê	**diaper rash**	nappy rash
assalariado	**wage-worker**	wage earner
"assalto" (preço alto) (figurado)	**highway robbery**	daylight robbery
assegurar	**to assure**	to promise
assembléia constituinte	**constitutional convention**	constituent assembly
assembléia geral anual (companhias, clubes, organizações)	**stockholder's meeting**	anual general meeting
assentador de trilhos (ferrovia)	**tracklayer, trackman**	platelayer
assento do motorista	**driver's seat**	driving seat
assento ejetor (aviação)	**ejection seat**	ejector seat
assinatura de jornal, fazer	**to subscribe**	to take out a subscription
atarracado (pessoa)	**dumpy**	Humpty Dumpty
ateliê de desenhista-projetista	**drafting room**	drawing office
ativa (militar)	**active duty**	active service
atletismo	**track and field sports**	athletics
ator cômico coadjuvante, escada	**straight man**	feed
atrevido	**sassy, fresh**	cheeky, saucy
atrevimento, audácia	**cheek, nerve**	cheek, sauce, neck
aula	**class**	form

PORTUGUÊS	INGLÊS AMERICANO	INGLÊS BRITÂNICO
aumentar, subir meio tom (música)	**to sharp**	to sharpen
aumento de salário	**pay raise**	pay rise
auto-estrada	**expressway**	motorway
auto-estrada principal	**superhighway**	motorway
automóvel	**automobile**	car, motor car
automóvel de aluguel	**rental car**	self-drive car
auxiliar de ensino superior	**instructor**	lecturer
avalanche	**landslide**	landslip
avalanche de neve	**avalanche**	snowslip
avaliador	**appraiser**	valuer
avelã	**hazel/cob nut**	filbert, hazel nut
avental tipo guarda-pó	**work coat**	overall
aviamentos de costura	**furnishings**	haberdashery
avião	**airplane**	aeroplane
azar	**tough/bad luck**	hard lines/cheese

B

PORTUGUÊS	INGLÊS AMERICANO	INGLÊS BRITÂNICO
babadinhos canelados (vestuário)	**fluted ruffling**	piecrust frills
babador	**bib**	feeder
babar	**to drool**	to dribble
bacana	**bang-up**	bang-on
bacharel	**college graduate**	graduate
bacia de lavar louça	**dishpan**	washing-up bowl
bacia sanitária	**toilet bowl**	(lavatoy) pan, closet
baderna	**row, disorder**	kerfuffle, cafuffle, row
bafômetro	**alcohol detector, drunkometer**	breathalyser
bagagem	**baggage**	luggage
bagagem, depósito de	**baggage room, check room**	luggage room
bainha de calça comprida	**cuffs**	turn ups
bairro	**neighborhood**	district
baixar luz de veículo	**to dim**	to dip
bajulador	**toady, apple polisher**	toady
bala de caramelo (confeitaria)	**hard candy**	caramel, boiled sweets
bala tofe de amêndoa (confeitaria)	**almond toffee**	almond tofee, hard bake
balança de mola	**spring scale**	spring balance

PORTUGUÊS	INGLÊS AMERICANO	INGLÊS BRITÂNICO
balcão de informações	**information desk**	inquiry office
balcão nobre (teatro)	**balcony**	dress circle
balconista	**sales clerck/lady**	shop assistant, attendant
balde de poço (mineração)	**mine bucket**	kibble
balde para líquidos	**pail, bucket**	bucket
baldinho para praia (infantil)	**sand pail**	bucket and spade
banca de jornal	**news stand**	bookstall, kiosk
banco das testemunhas (jurídico)	**witness stand**	witness box
banco de compensação (financeiro)	**commercial bank**	clearing bank
Banco de Habitação	**Savings and Loan Association**	Building Society
banco de investimentos (financeiro)	**investment bank, investment company, investment trust**	merchant bank, investment trust, merchant company
band-aid	**Band-aid**	Elastoplast, plaster
bandeira de pirata	**black flag**	black flag, Jolly Roger
bandeirante (escotismo)	**girl scout**	guide
bandeja de prata	**silverware tray**	plate basket
bandeja giratória	**lazy Susan**	dumb waiter
banhado a ouro	**filled gold**	rolled gold
banheiro (*veja* toalete)	**bathroom, toilet**	toilet
banho, dar ou tomar	**to bathe**	to bath
banho-maria, panela de	**double boiler**	double sauce-pan
bar de solteiros	**dating bar, singles' bar**	singles' bar
bar, boteco	**gin mill**	gin stop
baralho, maço de	**pack**	deck
bárbaro (gíria)	**terrific**	terrific, wizard
barbas de milho	**corn silk**	tassle
barbeador elétrico	**electric razor**	mains razor
barbearia	**barbershop**	barber's (hairdesser)
barco a remo	**rowboat**	rowing boat, row boat, shells
barco a vapor com rodas na popa	**side wheeler, stern-wheeler**	paddle steamer
barman	**barman**	bar tender, barkeeper
barqueiro	**bargeman**	bargee
barra de calça comprida	**cuffs**	turn ups
barra que separa vidros de caixilho	**munting**	glazing bar
barreira mecânica (turfe)	**starting gate**	starting stalls
barril coletor de água de chuva	**rain barrel**	water butt
barulhenta, de maneira	**slam-bang**	slap-bang

PORTUGUÊS	INGLÊS AMERICANO	INGLÊS BRITÂNICO
bastão de açúcar cande	**rock candy**	rock
bastão lubrificante para lábios	**chap stick**	lip balm
batata assada com casca	**baked potato**	jacket potato
batata frita	**French fried potatoes, French fries**	chips
batata palha (frita)	**potato chips**	crisps
bater os pinos (motor de veículo)	**to ping**	to pink
bateria (eletricidade)	**(storage) battery**	accumulator
bateria descarregada (veículo)	**dead battery**	flat accumulator
baú de enxoval de noiva	**hope chest**	bottom drawer
bazar beneficente de artigos usados	**rummage sale, white elephant sale**	jumble sale
bêbado	**loaded**	half seas over
bebê que engatinha	**toddler**	ankle-biter
beberrão de vinho	**wino**	wine bibber
bebida alcoólica forte	**(hard) liquor**	spirits
bebidas, casa de	**package store**	off-license
beca e capelo	**cap and gown**	academicals
benefício eclesiástico	**benefice**	benefice, living
benefícios de aposentadoria	**pension benefits**	pension cover
bengalinha de doce	**mint candy**	humbug
benjamin (eletricidade)	**multiple plug, adapter**	adapter
bens de consumo duráveis	**durable goods**	consumer durables
benzinho	**doll, honey**	poppet, ducks
berinjela	**egg plant**	aubergine
beterraba	**beet**	beetroot
biblioteca ambulante	**bookmobile**	mobile library
biblioteca circulante	**lending/circulating library**	lending library
biblioteca circulante paga	**lending library**	rental library
bicarbonato de sódio (culinária)	**baking soda**	bicarbonate of sodium
bicentenário	**bicentenary, bicentennial**	bicentenary
bicho-papão	**boogeyman, booger, bugaboo**	boogeyman, bugbear
bicicleta	**bicycle, wheeler**	bicycle
bico de gás em fogão	**(gas) burner**	hob
bico de mamadeira	**nipple**	teat
bigodudo	**whiskered, bewhiskered**	whiskered
bilhete azul (aviso de demissão)	**walking papers/ticket, pink slip**	marching orders
bilhete de ida apenas (viagem)	**one-way ticket**	single ticket

PORTUGUÊS	INGLÊS AMERICANO	INGLÊS BRITÂNICO
bilhete de ida e volta (viagem)	**round-trip ticket**	return ticket
bilheteiro (ferrovia)	**ticket agent**	ticket clerk
bilheteria (teatro, estádio)	**ticket office**	booking office
biotecnologia	**biotechnology**	ergonomics
bipe	**beeper, pager**	bleeper, beeper
biquinho de renda, tricô etc.	**picot**	purl, pearl
biscoito de gengibre	**ginger snap**	ginger nut
biscoito doce	**cookie, cooky**	biscuit
biscoito inglês	**ladyfingers**	sponge finger biscuits
blecaute	**blackout, dim out**	blackout
bloco de anotações	**steno pad, jotterpad**	jotter
bloco de concreto e cinzas	**cinder block**	breeze block
blusa/vestido *chemisier*	**shirtwaist**	shirtwaister
blusão que protege contra vento	**windbreaker**	windcheater, windjammer
bodas de ouro	**golden anniversary**	golden wedding
bodas de prata	**silver anniversary**	silver wedding
bolacha de água e sal	**cracker**	biscuit
bolacha de aveia	**granola bar**	flapjack
bolacha doce	**cookie**	biscuit
boléia de caminhão	**rumble seat, dicky**	dicky, dickey, dickie
boliche (jogo)	**lawn bowling**	bowls
bolo em camadas	**layer cake**	sandwich cake, gateau
bolsa de estudos	**scholarship**	bursary
bolsinha de moedas, moedeiro	**change purse**	purse
bomba de gasolina (veículo)	**gas/fuel pump**	petrol pump
bomba, ameaça de	**bomb threat**	bomb scare
bon vivant	**bon vivant**	bon vivant, bon viveur
bonde	**streetcar**	tram
bonificação de ações	**stock dividend**	bonus shares
bordel	**brothel, sporting house**	brothel
borracha de apagar	**eraser, pencil eraser**	rubber, Indiarubber
borrão	**splotch**	splodge
bota de borracha	**rubber boot**	Wellingtons
bota resistente, grosseira, para trabalho	**stogy/stogie, heavy duty boot**	heavy duty boot
botão de luz baixa (veículo)	**dimmer, switcher**	dip switch

PORTUGUÊS	INGLÊS AMERICANO	INGLÊS BRITÂNICO
botão de pressão	**snap**	popper, press stud, snapper
boteco, bar	**gin mill**	gin stop
botinas de trabalho	**stogy**	heavy duty boot
boy de hotel	**bellhop, bellboy**	page, buttons
braçadeira de mangueira (veículo)	**hose clamp**	hose clip
braguilha	**fly**	flies, fly
brecha, furo na lei (jurídico)	**loophole**	loophole, let out
brechó	**junk man**	rag and bone man
breve (música)	**double-whole note**	brevis, breve
briga de socos	**fistfight**	punch-up
brincadeira (peça)	**hoax**	leg-pull
brinde (comércio)	**lagniappe, free gift**	free gift
britadeira	**pneumatic drill**	jackhammer
broche	**pin**	brooch, pin
brochura (capa de livro)	**paper back**	soft cover
brócolis	**broccoli**	calabrese, broccoli
brotoeja de bebê	**diaper rash**	nappy rash
brusquidão	**brusqueness, brusquerie**	brusqueness
bugigangas	**odds and ends**	odds and sods/ends
burro (animal)	**donkey, burro**	donkey
burro (sujeito pouco inteligente)	**dumb, stupid**	daft, gormless

C

cabeça de chaminé	**chimney pot**	pot
cabelo de milho	**corn silk**	tassle
cabide para chapéu	**hat rack**	hallstand
cabine de controle (ferrovia)	**signal/switch tower**	signal box
cabine de controle (trânsito)	**traffic control**	point duty
cabine de foguista, maquinista (ferrovia)	**engineer's and fireman's platform**	footplate
cabine de votação eleitoral	**voting booth**	polling booth
cabine telefônica	**telephone booth**	telephone booth/box/kiosk, call box
cabo eleitoral	**advance man**	knocker-up

PORTUGUÊS	INGLÊS AMERICANO	INGLÊS BRITÂNICO
cabrito e couro de cabrito	**kid**	cheverel, kid
caça de tocaia	**still hunting**	stalking
caçamba	**dumpster**	skip
caça-níqueis	**slot machine**	fruit machine, one-armed bandit
cacareco, treco, coisa cujo nome não se lembra	**doo hickey**	doodah
cachecol de lã	**woolen scarf**	comforter
cadeira de espaldar a prumo	**straight chair**	upright chair
cadeira de lona para jardim	**lawn chair**	garden chair
cadeira de preguiça ou de convés	**beachchair**	deckchair
cadeira de rodas	**wheel chair**	wheel/invalid chair
cadeirinha de empurrar bebê	**baby stroller**	push chair, baby buggy
caderno de exercícios	**note book**	exercise book
café (lugar onde se toma)	**coffee shop**	café
cafezinho, hora de (manhã)	**coffee break**	elevenses
caipira	**hick, bumpkin**	bumpkin
caixa (funcionário de loja etc.)	**checker**	cashier
caixa coletora de correspondência	**mailbox**	letter/pillar box
caixa craneana	**brainpan, braincase**	brainpan
caixa de banco (funcionário)	**teller**	cashier
caixa de câmbio (veículo)	**transmission**	gear box
caixa de cilindros (veículo)	**cylinder crankcase**	cylinder block
caixa eletrônico (bancário)	**ATM machine**	cash dispenser
caixa eletrônico para depósitos noturnos (bancário)	**night safe**	night depository
caixa registradora (comércio)	**cash register**	cash/sales register
caixão mortuário	**coffin, casket**	coffin
caixa-preta (aviação)	**black box**	black box, flight recorder
caixeiro-viajante	**traveling salesman**	bagman, travelling salesman
caixilho de janela, porta	**muntin**	glazing bar
caixinha de música	**music box**	music (al) box
calaminta (botânica)	**calamint, basil thyme**	calamint
calar (-se)	**to shut up**	to shut up/belt up
calçada (via pública)	**sidewalk**	pavement
calçadão	**shopping mall, promenade**	shopping precint, parade
calcar	**to tamp**	to tamp/pun
calças	**trousers, pants, slacks**	trousers
calças saint Tropez	**hip-huggers**	hipsters

PORTUGUÊS	INGLÊS AMERICANO	INGLÊS BRITÂNICO
calcinhas	**panties**	knickers
calço para movimentar algo pesado	**skid**	pallet
calouro	**freshman**	freshman, fresher
cama até tarde, ficar na	**to sleep late**	to lie in
cama de armar	**cot**	camp bed
cama de quatro pilares	**four poster**	four-post bed
cama interna de bicama	**trundle bed**	truckle bed
cama, ficar de	**to take to one's bed**	to lie up
camada de anticorrosivo (veículo)	**undercoat**	underseal
camada fina de gelo	**glaze**	glaze ice
camada impermeabilizante (construção)	**insulating layer**	damp (-proof) course
camarão pitu	**crayfish, crawfish**	crayfish
câmbio, alavanca de (veículo)	**gear shift**	gear lever
cambista de bilhetes de teatro	**scalper**	tout
camburão (polícia)	**paddy/police wagon**	black Maria, panda car
caminhão	**truck**	lorry
caminhão basculante	**dump truck**	tipper
caminhão de coleta de lixo	**garbage truck, dirt wagon, dustcart**	refuse collection vehicle
caminhão de entrega	**delivery truck**	delivery van
caminhão de lavar ruas	**watering cart**	water cart
caminhão de mudança	**moving van**	pantechnicon, removal van
caminhão de som, com megafone	**sound truck**	loud speaker van
caminho de lajes	**flagstone path**	stone-flagged path
caminhoneiro	**trucker, truckman**	lorry-driver, haulier
caminhonete de entrega	**panel truck**	delivery van
camisa de jogador	**football jersey**	football shirt
camisa de peitilho engomado	**dress shirt, boiled shirt**	dress shirt
camisa polo	**poloshirt**	polo
camisa-de-força	**strait jacket**	strait waiscoat/jacket
camiseta sem mangas	**undershirt**	singlet, vest
campo de esportes	**field**	ground
cancelar por causa de chuva	**to rain out**	to rain off
cancha de boliche	**bowling-alley**	skittle alley
candidatar-se (política)	**to run**	to stand
candidatura	**candidacy**	candidature

PORTUGUÊS	INGLÊS AMERICANO	INGLÊS BRITÂNICO
caneta esferográfica	**ball point pen**	biro, ball point pen
canhoto	**left-hander, lefty**	left-hander
canhoto de cheque, de carnê	**stub**	stump
canhoto de recibo etc.	**counterfoil, stub**	counterfoil
canil	**kennel, dog house**	kennel
canivete automático	**switchknife**	flick-knife
cano de escoamento	**down spout**	down pipe
cano de gás	**gas pipe**	gas fitting
canola (*canadian oil*), colza	**canola**	rape
cansaço mental	**mental exhaustion**	brain fag
canteiro central de rodovia	**median strip**	central reservation
canto junto à lareira	**chimney corner**	ingle-nook, chimney corner
cão de guarda	**watchdog**	guard dog
cão guia de cego	**seeing eye dog**	guide dog
Cão Menor (astronomia)	**Canis Minor, Lesser Dog**	Canis Minor
cão pastor alemão	**German shepard**	Alsatian
cão perdigueiro	**gun dog, bird dog**	gun dog
capa brochura (livro)	**softcover, softback**	softcover
capa de chuva	**raincoat**	mackintosh, raincoat
capa de disco (música)	**jacket**	sleeve
capa de móveis	**slipcover**	loose cover
capa protetora de livro	**dust jacket/wrapper**	dust jacket
capital de investimento (financeiro)	**venture capital**	risk capital
capô de automóvel	**hood**	bonnet
capricho, idéia excêntrica	**whim**	whim, whim-wham
cara (pessoa)	**guy, fellow**	chap
carcereiro	**prison guard, jailer**	warder, gaoler
cardápio fixo (restaurante)	**table d'hote**	set meal
carne ensopada (culinária)	**stew meat**	stewing steak
carne moída	**chopped/hamburger meat, ground beef, mincemeat**	minced meat, mince
carne para assar	**roast**	joint
caro (dispendioso)	**expensive**	expensive, pricey
caroço (fruta)	**pit**	stone
carona	**ride**	lift
carona, pedir	**to thumb a ride**	to thumb a lift
carpete	**wall-to-wall carpet**	fitted carpet
carpideira profissional	**professional pall bearer**	mute
carreata	**motorcade, autocade**	motorcade

PORTUGUÊS	INGLÊS AMERICANO	INGLÊS BRITÂNICO
carregador de malas em hotel	**baggageman**	porter
carretel de linha	**spool**	reel, cotton reel
carrinho de bebê	**baby buggy/carriage**	pram, perambulator
carrinho de bebidas	**wheeled cart for liquor**	drinks trolley
carrinho de carregador (ferrovia)	**hand truck**	barrow
carrinho de chá	**tea cart**	tea trolley
carrinho de compras, malas	**cart**	trolley
carrinho de mão	**barrow, pushcart**	barrow
carrinho elétrico de plataforma (ferrovia)	**platform truck**	electric trolley
carro bagageiro (ferrovia)	**baggage car**	luggage van
carro blindado	**armored car**	strong room van
carro canoura (ferrovia)	**hopper**	truck
carro conversível (turismo)	**tourer, touring car**	tourer
carro de aluguel	**rental car**	self-drive car
carro de bombeiros	**fire truck**	fire engine
carro de corrida	**race car**	racing car
carro de dois lugares	**roadstar**	roadstar, two-seater
carro de entrega de leite	**milk truck**	milk float
carro de passeio	**sedan**	saloon car
carro guincho	**wrecker**	breakdown lorry/van/truck
carro lanterninha (ferrovia)	**caboose**	guard's/brake van
carro tremonha (ferrovia)	**hopper**	truck
carroceria basculante	**dump/dumping body**	dumping/tipping body
carroceria para transporte de cavalos	**horse trailer/car**	horsebox
carro-correio (ferrovia)	**mailcar**	mailcoach
carrossel (parque de diversões)	**carrousel**	carrousel, merry-go-round, round-about
carta de baralho com figura	**face card**	court card
carta expressa (correio)	**special delivery**	express post
carta registrada (correio)	**certified mail**	recorded delivery
carta simples (correio)	**regular mail**	ordinary mail
cartão de crédito, conceder	**to furnish**	to issue
cartão de visitas	**calling card**	visiting card
cartão eletrônico de banco	**ATM card**	banker's/bank card
cartão postal	**postcard, postal card**	postcard
carteira de dinheiro	**wallet, billfold, pocket book**	wallet, note-case, pocket wallet, pocketbook

PORTUGUÊS	INGLÊS AMERICANO	INGLÊS BRITÂNICO
carteira de habilitação (motorista)	driver's license	driving license
carteiro	postman, mailman	postman
cárter (veículo)	oil pan	sump
Cartório de Registros	marriage clerk's office	registry Office
casa de bebidas	package store	off-license
casa de cômodos de baixo nível	flophouse	doss house
casa e comida (pensão)	room and board	bed and board
casa geminada dos dois lados	row house	terraced house
casa semigeminada	side-by-side duplex	semi-detatched house
casinha de brinquedo	play house	Wendy house
casquinha de sorvete	cone	cornet
cassa suíça (tecido)	dotted Swiss muslin	hailstone muslin
cassetete	billy (club), night stick, black jack	truncheon, cosh
castanha-da-Índia	horse chestnut	conker
castrar animal	to alter/castrate, spay	to castrate/spay/doctor
catálogo de cursos universitários	calender	university catalog
cata-vento	pinwheel	windmill
catre	cot	camp bed
causar problema	to give trouble	to play up
cavalariço	stable boy/man	stable boy/lad
cavalete de serraria	sawhorse, buck	sawhorse
cavalinho (linguagem infantil)	horsie	gee gee
cavalinho de pau (cabo de vassoura)	hobby horse	cockhorse
cavalo árabe	Arabian	Arab
cavalo de trote	standard bred, American trotter	standard bred
cebolinha verde	scallion, green onion	scallion, spring onion
ceder caminho (sinal de trânsito)	yield	give way
cédula (papel moeda)	bill, paper money, folding money	banknote, paper-money
cédula eleitoral	ballot	ballot paper
cédula falsa	counterfeit bill	forged note
centenário	centennial	centenary

PORTUGUÊS	INGLÊS AMERICANO	INGLÊS BRITÂNICO
centro da cidade	**downtown**	town centre, city centre
centro de detenção de delinqüentes juvenis	**detention home/center**	detention centre
CEP (código de endereçamento postal)	**zip code**	postal code
cerâmica	**earthen ware**	crockery
certidão de casamento	**marriage certificate**	marriage lines
certificado de ações (financeiro)	**stock certificate**	share certificate
certificado de filme livre	**G rating**	U certificate
certificado de presente (loja)	**gift certificate**	gift token, gift voucher
certificado de registro de veículo	**registration**	registration document
cerveja	**beer**	beer, ale
cesto de carregar bebê	**baby carrier, portable bassinet**	carrycot
cesto de roupa suja	**hamper**	laundry basket
chácara de hortaliças	**market garden, truck farm**	market garden
chacareiro	**trucker**	market gardener
chacoalhar	**shudder**	shudder, judder
chamada de presença	**roll call**	call over
chamada telefônica a cobrar	**call collect**	transferred charge, reverse charge call
chamada telefônica internacional	**long distance call**	trunk call
chamada telefônica, não atender	**no answer**	no reply
chantagear alguém	**to blackmail someone**	to put the black on someone
chapa (veículo)	**license plate**	number plate
chapelaria (teatro, restaurante etc.)	**cloackroom, checkroom**	cloackroom
chapéu de feltro tipo diplomata	**fedora**	trilby
chapéu palheta	**straw hat**	boater
chapéu, cumprimentar com o	**to raise one's hat**	to tip one's lid/hat
chapéu-coco	**derby hat**	bowler, billycock
charutaria	**cigar store, tobacconist**	tobacconist
chave de soquete	**socket wrench**	box spanner
chave inglesa	**wrench**	wrench, spanner
chave mestra	**master key**	skeleton key
checagem aleatória	**spot check**	snap check

PORTUGUÊS	INGLÊS AMERICANO	INGLÊS BRITÂNICO
chefe de estação (ferrovia)	**station master**	station foreman
chefe de trem (ferrovia)	**conductor**	guard
chegada, dar uma	**to drop by**	to look in
cheque ao portador	**blank check**	open cheque
cheque sem fundos	**insuficient funds, bad check**	refer to drawer, dud cheque
chicória	**chicory**	endive
chilique	**tantrum**	paddy, tantrum
chiqueirinho de areia (infantil)	**sandbox**	sandpit
chiqueiro	**pig pen/sty**	pig sty
chocolate amargo	**plain/dark chocolate**	semi-sweet/unsweetened chocolate
choramingar	**to whimper**	to grizzle
chouriço	**blood saussage**	black pudding
chupeta	**pacifier**	dummy
churrascaria	**steaks and chops**	grills
chuvoso, tempo	**wet**	wet, dabby
ciclista ou motociclista	**cycler**	cyclist
ciclo comercial	**business cycle**	trade cycle
cidade irmã	**sister citied with**	twin with
cidade-dormitório	**dormitory, commuting town**	dormitory
cinéfilo	**moviegoer**	picturegoer
cinema	**movie theater, the movies**	cinema, the pictures
cingir	**to gird/engird**	to gird
cinta-liga	**girdle**	roll-on
cinzento	**gray**	grey
cirurgião dentista	**dentist**	dentist, dental surgeon
classe escolar	**grade**	form
clara de ovo	**egg-white**	white of egg
clichê (gráfica)	**cut**	block
clientela	**patronage**	custom
clube do livro	**book club**	Book society
cobertura de seguros	**insurance coverage**	insurance cover
cobrir bolo com glacê	**to frost**	to ice
cobrir de lantejoulas	**to spangle**	to spangle/bespangle
cocheira	**cowbarn**	cowbarn, byre
coco ralado industrializado	**shredded coconut**	desiccated coconut
código de área telefônica	**area code**	dialling code
código de endereçamento postal (CEP)	**zip code**	postal code

PORTUGUÊS	INGLÊS AMERICANO	INGLÊS BRITÂNICO
coentro (botânica)	**cilantro**	coriander
cogumelo venenoso	**death cup**	death cap
cola (em provas, na escola)	**crib, pony**	crib
colado a outro carro (trânsito)	**bumper to bumper**	nose to tail
colante (roupa de malha)	**full-fashioned**	fully-fashioned
colchão de ar	**air mattress**	Lilo
colchão de molas	**inner spring mattress**	interior sprung mattress
colcheia (música)	**eighth note**	quaver
colegas de trabalho	**fellow employees**	work mates
cólera suína	**hog cholera**	swine fever
colete	**vest**	waistcoat
coletor de lixo, gari	**garbage man**	refuse collector
colinas	**hills**	downs
colisão (entre veículos)	**car crash**	car smash
colostro	**colostrum, foremilk**	colostrum
coluna sentimental (jornal)	**advice column**	agony column
colza, canola (*canadian oil*)	**canola**	rape
combustível (veículo)	**car fuel**	motor spirit
comerciar	**to handle**	to do
comida congelada	**frozen food, frozen packaged meal**	frosted food, pre-cooked meal pack
comida para gatos	**cat food**	cat's meat
comida para viagem	**food to go, carry-out food**	food to take away, take away food
cômoda	**chest of drawers, bureau**	chest of drawers
companheiro	**buddy**	mate
companhia (empresa)	**company, corporation**	corporation
companhia de mudanças	**mover**	removals, pantechnicon
companhia de transporte	**express/trucking company**	haulage contractor, carrier
companhia limitada	**limited corporation**	limited company
companhia subsidiária	**subsidiary**	daughter concern
compra por reembolso postal	**mail order buying**	postal shopping
comprimido (remédio)	**pill**	tablet
comprovante de depósito bancário	**deposit slip**	credit slip, paying-in slip
comprovante de objetos em custódia	**check**	tick
conceder cartão de crédito	**to furnish**	to issue
côndilo interno do úmero (anatomia)	**funny/crazy bone**	funny bone
condução (transporte)	**transportation**	transport

PORTUGUÊS	INGLÊS AMERICANO	INGLÊS BRITÂNICO
condutor de calha	**downspout, leader**	downpipe, drainpipe, rainwaterpipe
confeitaria	**candy store**	sweet shop
confeitos (confeitaria)	**multicolored sprinkles, nonpareils**	hundreds and thousands
conferir ticando	**to check (off)**	to tick (off)
confidencial (correspondência)	**personal, confidencial**	private
congelar alimentos rapidamente	**to flash freeze**	to quick freeze
congestionamento de trânsito	**back-up, tie up**	tail-back
conjunto (ferramentas etc.)	**set**	case
consertar	**to repair**	to mend
conserto em via pública	**road/street repair**	roadworks
conservas, fazer (culinária)	**to can/preserve**	to bottle
conservatório musical	**conservatory**	conservatoire
consignação de mercadorias	**bill of goods**	bill of adventure
console de lareira	**mantelpiece**	chimney piece
construtor	**building contractor**	builder
consultor (a) sentimental (jornal)	**advice columnist**	agony aunt
conta corrente bancária	**checking account**	current account
conta de hotel	**hotel bill**	hotel note
conta de poupança	**savings account**	deposit account
conta de restaurante	**check, bill**	bill
contador diplomado	**certified public accountant**	chartered accountant
continuar	**to keep going**	to carry on
conto do vigário	**confidence game**	confidence trick
contramão (sinal de trânsito)	**do not enter**	no entry
contramestra em fábrica	**freelady**	freewoman
contrapino (veículo)	**cotter pin**	split pin
contratar empregado	**to hire**	to engage
contratar um advogado	**to retain a lawyer**	to instruct/engage a solicitor
contrato inválido/ incompleto	**void contract**	nude contract
contribuinte fiscal	**tax payer**	ratepayer
controle de câmbio (finanças)	**currency control**	exchange control
controle de preços	**fair trade, price control**	resale price maintainance
conversa mole	**claptrap, flubdub**	claptrap
conversível (automóvel)	**convertible**	drop-head, convertible
convés	**deck, decking**	deck

PORTUGUÊS	INGLÊS AMERICANO	INGLÊS BRITÂNICO
convocado para serviço militar	**draftee**	conscript
copidescar	**to copyread**	to subedit
copidesque	**copyreader, proofreader**	sub-editor
copinho para lavar os olhos	**eye cup**	eye bath
copo com tampa e asa para cerveja	**stein**	tankard
coquetel Molotov	**Molotov cocktail**	Molotov cocktail, petrol bomb
corda de pular (infantil)	**jump rope**	skiping rope
corista (música)	**chorine, chorus girl**	chorus girl
corno inglês (música)	**English horn**	cor anglais
corpo de bombeiros	**fire department**	fire brigade
corpo docente (faculdade)	**faculty**	staff, faculty
corredor (arquitetura)	**hall, hallway, corridor**	passage
correia de relógio de pulso	**watchband, watchstrap**	watchstrap
correio (caixa de)	**mail-box**	letter box
correio, pela volta do	**return mail**	return post
correspondência	**mail**	post
correspondência registrada	**registered mail**	registred post
corretivo	**corrective, amendatory**	corrective
correto	**genuine**	proper
corretor de apostas	**bookmaker**	bookmaker, turf accountant
corretor de Bolsa de Valores	**specialist**	jobber
corretor de erros (datilografia)	**white out, liquid paper**	Tipp-Ex
corretor de imóveis	**real estate broker, realtor**	land/estate/house agent
corretor intermediário da Bolsa de Valores	**dealer in stocks, floor/ room trade**	stock jobber
corrida de automóveis	**auto-racing**	motor-racing
costeletas, suíças (barba)	**sideburns**	sideburns, sideboards
costureira	**seamstress**	needlewoman, seamstress
cotonete	**Q-tip**	cotton-bud
couro	**leather**	hide
couve-nabo	**rutabaga**	swede
covalência (química)	**covalence**	covalency
coxa de galinha (culinária)	**drumstick**	chicken leg
coxim de trilho (ferrovia)	**track socket**	chair
craque, ás	**whiz**	whiz, dab, dab hand
creche	**day-care center/nursery**	creche
crematório	**crematorium**	crematory
creme de leite	**light cream**	single cream
creme de leite espesso	**heavy cream**	double cream
creme de leite integral	**whole cream**	full cream

PORTUGUÊS	INGLÊS AMERICANO	INGLÊS BRITÂNICO
creme de limpeza (cosmético)	**cleansing lotion/cream**	cleaning cream/lotion, removing cream, face pack
criação de animais, fazer	**to raise**	to rear/keep/raise
criticar duramente	**to pan**	to pan/slate
croissant	**crescent roll**	croissant
Cruzes! (interjeição)	**Lordy!**	Lawk (s)!
cubinho de gelo	**ice cube**	block of ice
cuecas	**shorts**	pants
cumprimentar com o chapéu	**to raise one's hat**	to tip one's hat/lid
curanchim	**pope's nose**	parson's/pope's nose
currículo	**resumé, career**	curriculum vitae, C.V.
cursar/estudar uma matéria	**to take a subject/study**	to read
cursos de extensão	**extension courses**	extramural studies
curta metragem (cinema)	**short subject**	short film
curva (rodovia)	**curve**	curve, bend
curva em S (rodovia)	**S-curve**	double bend, S-bend
curva/cruzamento	**turn**	turn, turning
cuspidor	**cuspidor**	spitoon

D

PORTUGUÊS	INGLÊS AMERICANO	INGLÊS BRITÂNICO
dácron (fibra)	**Dacron**	Terylene
dama de honra (de noiva)	**bridesmaid, maid of honor**	bridesmaid
damas (jogo)	**checkers**	draughts
dar parte à polícia	**to file a complaint**	to lay a charge
dar preferência (trânsito)	**to yield**	to give way
dar uma chegada, visita rápida	**to drop by**	to look in
dardos	**darts**	darts, arrows
datação por carbono	**radioactive dating**	carbon dating
DDD (telefonia)	**direct distance dialling**	subscriber trunk dialling
débito automático em banco	**automatic payment**	direct debit
decalcomania	**decal**	transfer
decilhão	**decillion = 10^{33}**	decillion = 10^{60}
decote *bateau*/canoa	**bateau neck**	boat neck
dedão do pé	**big toe**	great/big toe
"dedos verdes" (figurado), mãos boas para plantas	**green thumb**	green fingers
dedução (imposto de renda)	**exemption, deduction, benefit**	allowance, relief

PORTUGUÊS	INGLÊS AMERICANO	INGLÊS BRITÂNICO
degringolar	**to go to the dogs**	to go to the bad
deixar em paz	**to let alone**	to leave alone
delegação	**delegation**	deputation
delegacia de polícia	**station house**	police station
delirium tremens	**jim-jams, willies**	jim-jams
demitir de emprego	**to excess**	to make redundant
demolidor de construções	**(building) wrecker**	house breaker
dente de leite	**baby tooth**	milk tooth
Departamento de Meteorologia	**Weather Bureau**	Meteorological Office
depoimento em favor da acusação	**state's evidence**	king's/queens's evidence
depois de amanhã	**day after tomorrow**	next day but one
depois, em seguida	**afterward**	afterwards
depósito adiantado de aluguel	**security deposit**	key money
depósito de bagagem	**baggage/check room**	luggage room
depósito de carvão	**coal cellar**	coalhole
depósito de lixo	**tipple**	tip
depósito de madeira	**lumberyard**	timberyard
depósito de material de construção	**building supply firm**	builder's merchant
desabotoar	**to unbotton/unfasten**	to undo
desagradabilíssimo	**lousy**	filthy
desajeitado	**clumsy, awkward**	cack-handed
desativado, telefone	**disconnected line**	ceased to exist
descanso para cabeça (veículo)	**headrest**	head restraint
descanso para copos	**coaster**	drinks mat
descarbonizar	**to decarbonize**	to decoke/decarbonize
descaroçada (fruta)	**pitted**	stoned
descentralizar	**to deconcentrate/decentralize**	to decentralise
descontar um cheque	**to cash**	to encash
desconto em folha de pagamento	**deduction from wages**	deduction from wages, stoppage
desculpas por atraso	**ifs, ands, or buts**	ifs and buts
desembaçador de pára-brisa (veículo)	**defroster, defogger**	demister
desembaçar pára-brisa (veículo)	**to defrost/defog**	to demist
desenganado (doente)	**hopeless**	past praying for, hopeless
desenraizar	**to uproot/unroot**	to uproot

PORTUGUÊS	INGLÊS AMERICANO	INGLÊS BRITÂNICO
desenterrar (figurado)	**to rake/dig up**	to rake up
desfiado (fio de meia/malha)	**run**	ladder
desfile de modas	**fashion show**	dress show
desfile/cortejo de automóveis	**motorcade, autocade**	motorcade
desligado (telefone)	**disconnected**	ceased to exist
desligar chamada telefônica	**to hang up**	to hang up/ring off
deslizamento de terra	**landslide**	landslip
deslizar na água (veículo)	**to hydroplane**	to aquaplane
desmobilizar	**to demobilize**	to demobilize/demob
desorientado	**disoriented**	disorientated
desossar	**to bone/debone**	to bone
despachador (ferrovia)	**freight agent**	forewarding agent
despachar mercadorias	**to ship**	to ship/forward
despedir empregado	**to fire/discharge/excess**	to fire/turn off/sack/make redundant
despedir empregado supérfluo	**to lay off**	to stand off
despesas de representação	**imputed income**	notional income
despovoar	**to depopulate/dispeople/depeople**	to depopulate
despreocupado, otimista	**happy-go-lucky**	come-day, go-day
desvio (rodovia)	**detour**	diversion, detour
desvio para carregar e descarregar (ferrovia)	**siding, side track**	siding
desvio, sinal de (rodovia)	**detour sign**	diversion notice
detenção de menores delinqüentes	**detention home**	detention centre
deter (prisão)	**to arrest**	to arrest/detain
detergente líquido	**dishwashing liquid**	washing-up liquid
detetive particular	**private detective/eye/investigator**	private detective, enquiry agent
Dia das Mães	**Mother's Day**	Mother's Day, Mothering Sunday
dia de eleição	**election day**	polling day
dia de formatura	**commencement day**	degree day
dia útil	**workday, working day**	working day
dialogar	**to dialogue**	to dialogize
diamida	**diamine, diamide**	diamine
diluir	**to thin down**	to fine down/away/off
dínamo (veículo)	**generator**	dynamo
dinheiro falso	**counterfeit bill**	forged note
diplomacia do dinheiro	**dollar diplomacy**	cheque book diplomacy

PORTUGUÊS	INGLÊS AMERICANO	INGLÊS BRITÂNICO
diplomar	**to certify**	to charter
Direitos do Consumidor	**consumer rights**	Statutory Rights
diretor de escola primária ou secundária	**Principal**	Headmaster
diretor de presídio	**warden**	governor
diretor geral	**President**	Managing Director
dirigir veículo na banguela	**to coast**	to free wheel
discagem direta à distância (telefonia)	**direct distance dialing**	subscriber trunk dialing
discagem gratuita (telefonia)	**toll free number**	free phone
discriminação de idade	**age discrimination**	agism, ageism
discurso direto (gramática)	**direct discourse**	direct speech
dispendioso	**expensive**	expensive, pricey, pricy
distintivo, *button* de identificação	**button, pin, patch, badge**	badge
distribuidor de filmes	**exhibitor**	renter
distrito policial	**station house**	police station
divã	**sofa, couch**	divan
dívida interna/pública	**public debt**	national debt
dividendo de ações	**stock dividend**	bonus
divisor de águas	**water parting, watershed**	watershed
doador	**donor**	donor, legator
dobrar aposta	**to parlay**	to double up
dormente (ferrovia)	**tie**	sleeper
dormir até tarde	**to sleep late**	to lie in
dormitório (em faculdade)	**dormitory**	hall of residence
dragar fundo de rio	**to creep**	to dredge/creep
drogado	**high**	blocked
drogaria	**drugstore**	chemist's
Durex, fita tipo	**Scotch tape**	adhesive tape
duro (cozido, especialmente ovo)	**hard boiled**	hard boiled/baked/cooked

E

e (após a hora) ("nove e dez")	**past, after (ten past/ after nine)**	past (ten past nine)
edição	**printing**	impression
edifício tombado	**historic building**	listed building
editor de economia (jornal)	**financial editor**	city editor

PORTUGUÊS	INGLÊS AMERICANO	INGLÊS BRITÂNICO
editorial	**editorial**	leader, leading article
edredon de plumas de ganso	**eiderdown quilt**	duvet
eixo intermediário (veículo)	**counter shaft**	layshaft
eixo motor (veículo)	**drive shaft**	propeller shaft
elástico circular	**elastic band**	rubber band
eletricidade, falta de	**power/electicity failure**	(power) cut
eletricista (filmagem, teatro)	**gaffer**	lighting man/eletrician
eletrocardiograma	**EKG (Electrocardiogram)**	ECG
elevador	**elevator**	lift
elevador de carga	**hoist, freight elevator**	hoist
embornal	**feedbag**	nosebag
embriagado	**smashed, loaded**	smashed, sloshed, half seas over
embriagado (levemente), "alegre"	**woozy**	woozy, muzzy
embutido	**built-in**	in-built
emcomenda/compra para entrega posterior	**future delivery**	forward delivery
emissário marítimo (esgoto)	**remote sewage disposal line**	long sea outfall
emoção	**thrill, bang**	thrill
empacar	**to buck**	to jib
empatado	**even**	even, level
emperucado	**wigged, bewigged**	wigged
emplumado (pássaro)	**full-fledged**	fully-fledged
empregada doméstica	**maid of all work**	general servant
empregados procurados (jornal)	**help wanted**	situations vacant
empresa particular de serviço público	**public-service corporation**	public service corporation/ utility
emprestar para	**to loan/lend**	to lend
encanador	**plumber**	plumber, fitter
encanador de gás	**pipe fitter**	gas fitter
encanamento	**plumbing**	drains
encargo	**assignment**	appointment
encaroçado	**knobby**	knobbly
encerado (tecido)	**oil cloth**	American cloth
encravada (unha)	**ingrown nail**	ingrown/ingrowing nail
endereço para correspondência	**temporary mailing address**	accomodation address
endossado (pessoa)	**affiant**	endossee

PORTUGUÊS	INGLÊS AMERICANO	INGLÊS BRITÂNICO
enfermeira de sala cirúrgica	**operating room nurse**	theatre nurse/sister
enfermeira diplomada	**graduate/trained nurse**	trained nurse
enganado, ser	**to be swindled/cheated**	to be done brown
engarrafamento (em via expressa)	**pile-up on the freeway**	multiple smash
engarrafamento (trânsito)	**traffic jam**	traffic block
engate (ferrovia)	**coupler**	coupling
engraçadinho	**cute**	dinky
engraxar sapatos	**to shine the shoes**	to polish the shoes
engraxate de hotel	**bootblack**	bootblack, boots
enjoar de	**to get tired of**	to go off
enlatar	**to can**	to tin
enlouquecer	**to madden/mad**	to madden
enquanto	**while**	while, whilst
enrugado (superfície)	**cragged**	craggy
enseada	**creek**	creek, fleet
entrada de plataforma (ferrovia)	**gate**	barrier
entrada, dar de (parte de pagamento)	**to trade in**	to give in part exchange
entrega rápida (correio)	**special delivery**	express delivery
entregador (de leite, pão etc.)	**delivery man**	roundsman
entrevista coletiva	**press/news conference**	press conference
entulho	**dumping**	dumping, tipping
entusiasmo, emoção	**thrill, bang**	thrill
envelope de pagamento	**pay envelope**	pay packet
enviesado	**on the bias**	on the cross
enxoval de noiva	**hope chest**	bottom drawer
equilibrista (circo)	**wire walker**	tightrope walker
eriçar o cabelo com o pente	**to tease**	to tease/backcomb
erro de imprensa	**typo, typographical error**	literal
erro idiota	**blooper**	bloomer
erva gatária (*nepeta cataria*)	**catnip**	catmint
escada (contracenador de comediante)	**straight man**	feed
escada de enganchar (bombeiros)	**pompier ladder**	hook ladder
escada Magirus	**aerial ladder**	turntable ladder
escada rolante	**escalator**	moving stairs
escala de viagem	**stopover, layover**	stopover
escala de viagem, fazer	**to stop at**	to call at

PORTUGUÊS	INGLÊS AMERICANO	INGLÊS BRITÂNICO
escavadeira a vapor	steam shovel	steam navvy, excavator
escavador de construção	excavator	navvy
escola de etiqueta social	charm school	finishing school
escola mista	coeducational school	mixed school
escola municipal	public school	Council school
escola paroquial	parochial school	denominational/church school
escola particular	private school	public school
escola primária	grade/elementary school	elementary/junior school
escola pública, do governo	public school	state school
esconderijo	hideaway	bolt-hole, hideaway
escoteiro	eagle scout	king's/queen's scout
escovão para limpeza pesada	scrub brush	scrubbing brush
escovar os dentes	to brush one's teeth	to clean/brush one's teeth
escrever sonetos	to sonnetize	to sonnet
escritor fantasma	ghost writer	ghost writer, devil
escritório de advocacia	law offices	Chambers
esforçar-se por	to put oneself out to	to lay oneself out to
esfregão de pano para banho	washcloth, washrag	facecloth, face flannel
esfriando	getting cold	going cold
esgoto, sistema de	sewerage system	drains
esmalte de unhas	nail polish	nail polish/varnish
esparadrapo	adhesive tape	sticking plaster
espátula (culinária)	slotted spatula	fish slice
espectro, fantasma	doubleganger, doppelgänger	doppelgänger
espeleologia	spelunkers, potholding	potholding
espelho retrovisor (veículo)	rear-view mirror	driving mirror
espelho retrovisor externo (veículo)	side mirror	wing mirror
esperto	keen, artful	keen, artful, fly
espetáculo itinerante	travelling show	mobile production
espiga de milho cozida	corn on the cob	sweet corn cobs
espinhaço de montanha	crest of hill, ridge	back of hill
esportista medíocre	dub	rabbit
espremedor de laranja	lemon squeezer, reamer	lemon squeezer
esquerdista festivo	parlor pink	armchair socialist
esquisito (pessoa ou coisa)	odd ball	odd fish
essência culinária	extract, flavoring	essence
estação de águas	spa	spa, hydro

PORTUGUÊS	INGLÊS AMERICANO	INGLÊS BRITÂNICO
estação de bonde	**car barn**	tramway depot
estação ferroviária	**railroad station**	railway station
estacionamento	**parking lot/place/garage**	car park
estacionamento a 45º	**diagonal parking**	angle-parking
estalajadeiro	**innkeeper**	innkeeper, landlord
estaleiro	**navy yard**	navy dockyard
estalo de Vieira	**brainstorm**	brainwave
estar chegando aos (x anos de idade)	**to be getting on**	to be rising
esteira rolante para bagagem	**rotating conveyor belt, car(r)ousel**	car(r)ousel
estenógrafa	**stenographer**	shorthand typist
estilingue	**slingshot**	catapult
estimulante (droga)	**up**	upper
estivador	**longshoreman, dock hand**	docker
estrada/via asfaltada	**paved road**	sealed/tarred road
estrada de ferro	**railroad**	railway
estrada de ferro elevada	**elevated railroad**	overhead railway
estrada de rodagem, rodovia	**freeway, throughway super high way**	motorway
estrada de rodagem com divisão central	**divided highway**	dual carriageway
estrada preferencial	**main road**	major/arterial road
estrada sem limite de velocidade	**road without speed limit**	de-restricted road
estudar muito	**to grind**	to grind/swot
estufa	**greenhouse**	greenhouse, glass house
evacuação de fezes	**bowel movement**	motion
evitar	**to pass up**	to give a miss
ex-aluno (escola secundária/superior)	**alumnus (a)**	old boy/girl, alumnus (a)
exame de motorista	**driver's test**	driving test
exame médico	**physical**	medical
exame vestibular	**University entrance exams**	Advanced level (A-levels)
excelente	**bang-up**	bang-on, slap up
excêntrico	**oddball**	oddfish
excremento de vaca	**cow chip, cowpatty**	cow pat
Exército da Salvação	**Salvation Army**	Salvation/Sally Army
exibir-se	**to grandstand**	to play to the gallery
expresso (trem ou via)	**express**	fast

PORTUGUÊS	INGLÊS AMERICANO	INGLÊS BRITÂNICO
expulsão de soldado	**dishonorable discharge**	dismissal with disgrace
expulsar	**to throw out**	to throw/turf out
expulsar de universidade	**to expell**	to expell/send down
extasiado	**rapt, enrapt**	rapt
extra-oficialmente	**off the record**	not for publication

F

fábrica	**factory, plant**	factory, works
faculdade (ensino superior)	**college**	faculty
Faculdade de Educação	**teacher's college**	training college
faixa de baixa velocidade (trânsito)	**slow lane**	near-side lane
faixa de pedestres	**crosswalk**	pedestrian/zebra crossing
falar malcriadamente	**to sass**	to sauce
falar muito depressa	**to jabber**	to gibber
falhar, funcionar mal	**to foul up**	to play up
falta de energia elétrica	**power failure**	power cut
fantasia (vestuário)	**masquerade**	fancy dress
faqueiro, talheres	**flatware, silverware**	cutlery
farinha de trigo integral	**whole wheat**	whole meal
farmacêutico	**dispenser, dispensing chemist, chemist**	druggist, pharmacist
farmácia	**drugstore**	chemist's
farol (veículo)	**headlight**	headlamp
farol baixo (veículo)	**dimmer**	dipper
farol de neblina (veículo)	**fog light**	fog lamp
farol, fazer	**to grandstand**	to play to the gallery
faxineira	**cleaning woman**	daily woman/help, char
fazendo compras	**shopping**	doing the shops
fazer acumulada (aposta)	**to parlay**	to double up
fazer assinatura de jornal	**to subscribe**	to subscribe/take in
fazer uma careta	**to make a face**	to pull a face
fazer greve de apoio a outros grevistas	**to go on sympathy strike**	to black
fecho éclair	**zipper**	zip
fedelho	**whippersnapper, snipper-snapper**	whippersnapper
feijão fava	**fava bean**	broad/fava bean
feioso	**homely**	plain

PORTUGUÊS	INGLÊS AMERICANO	INGLÊS BRITÂNICO
feira agropecuária	**state fair, county fair**	agricultural show
feira de artesanato	**handcraft bazaar**	sale of work
feira de barganhas, trocas	**swap meet**	bring and buy sale
feito de madeira	**made of wood**	timber built
feito sob encomenda	**built to order**	purpose built
feito sob medida	**made to order, custom made**	made to measure
feitor, capataz	**foreman**	charge-hand
feriado	**legal holiday**	bank holiday
férias	**vacation**	holiday
ferragens	**hardware**	fixings, housewares
ferragista	**hardware dealer**	ironmonger
ferrovia	**railroad**	railway
ferroviário	**railroader**	railwayman
festa barulhenta	**ding**	whing
festa de formatura	**graduation exercises**	passing out parade
ficha de arquivo/fichário	**file card**	filing card
ficha de depósito bancário	**deposit slip**	paying-in slip
fichário (caderno de folhas soltas)	**loose-leaf notebook**	ring book
figura de proa	**front**	figurehead
figura do baralho	**facecard**	court cart
figurão	**big shot**	big noise
fila	**line**	queue
fila, ficar em	**to line up/wait in line**	to queue up
filar alguma coisa	**to cadge/bum**	to cadge
filhinho de mamãe (jocoso)	**mama's boy**	mother´s boy
filial de sindicatos	**local**	branch
filme (cinema)	**motion picture, movie**	film
filme mudo	**silents**	silent film
filme transparente para embalagem	**plastic/Saran wrap**	cling film
fim de rua	**end of the street**	bottom of the street
fim de semana com amante	**amorous week-end**	dirty week-end
fio de extensão elétrica	**extention cord**	extention lead
fio desfiado em meias/malhas	**run**	ladder
fio elétrico	**cord**	flex
fio terra (eletricidade)	**ground**	earth
fios para recarregar bateria	**jumper cables**	jump lead
fiscal de apuração (eleição)	**ballot inspector**	scrutineer
fita isolante (eletricidade)	**friction tape**	insulating tape

PORTUGUÊS	INGLÊS AMERICANO	INGLÊS BRITÂNICO
fita métrica	**tapemeasure, tapeline**	tapemeasure
fita tipo Durex	**Scotch tape**	adhesive tape
fivela para cabelo	**barrette**	slide, hairslide
flautista	**flutist**	flautist
flexão (ginástica)	**push-up**	press-up
fliperama	**amusement parlor**	amusement arcade
flores de lapela	**boutonniere**	boutonniere, buttonhole
fluorita	**fluorite**	fluorspar
foca (jornalista principiante)	**junior correspondent**	junior reporter
focinheira	**choke colar**	muzzle
fogão	**stove**	stove, cooker
folha de pagamento	**payroll**	wages sheet
folia	**jollification**	jolly
fonte (impressora)	**font**	fount
fora de namorado, levar um	**walking papers/ticket**	marching orders
fôrma para bolo (culinária)	**cake pan**	cake tin
fôrma para bolo em camadas (culinária)	**layer cake pan**	sandwich tin
fôrma para torta (culinária)	**pie pan**	flan tin
forma, em boa	**in good shape**	in good condition/nick
formação aérea em comemoração	**flyby, flyover**	fly past
formado (pessoa)	**college graduate**	university man
formando (aluno)	**graduating student**	leaver
formar-se (aluno)	**to graduate**	to leave school
formatura, dia de	**commencement day**	degree day
fornecedor de mercadoria	**supplier**	stockist
forqueta (náutica)	**oarlock**	rowlock
forro antiderrapante para tapete	**rug pad**	underfelt
fotos de arquivo de estúdio de TV	**file footage**	library pictures
fração ordinária (matemática)	**common fraction**	vulgar fraction
fralda	**diaper**	nappy
franja de cabelo	**bangs**	fringe
franquia paga (correio)	**postpaid**	post free/paid
freezer	**freezer**	deep freeze
freguesia	**customers, business**	custom
freio de mão (veículo)	**parking brake**	hand brake
freqüentador de bares	**barfly**	pub crawler
freqüentador de teatros	**theater goer**	playgoer, theatregoer

PORTUGUÊS	INGLÊS AMERICANO	INGLÊS BRITÂNICO
frete de pacotes	**package freight**	part loads
frete pré-pago	**pre-paid freight**	carriage paid
fretista	**freight agent**	forwarding agent
frigideira	**skillet, frying pan**	frying pan
fritar levemente	**to sauté**	to sweat
frota (de automóveis)	**car fleet**	motor pool
fruta cristalizada	**candied fruit**	crystallized fruit
fuga de devedores	**flight by night**	moonlight flit
funcionário público indicado de favor político	**office holder**	placeman
funcionários de aeroporto	**ground crew**	ground crew, ground staff
fundo de um lugar	**foot, far end**	bottom
fundo mútuo (financeiro)	**mutual fund**	unit trust
fundos de uma casa, nos	**at the back**	in the back
funilaria, oficina de (veículo)	**body work**	crash repairs
furacão	**twister, tornado**	tornado
fura-greve	**scab**	blackleg
furar sinal vermelho (trânsito)	**to run a red light**	to jump a red light
fúrcula (ossinho da sorte)	**wishbone**	wishbone, merrythought
furtar-se	**to shirk**	to shirk/skulk
fusa (música)	**thirty-second note**	demisemiquaver
futebol	**soccer**	(Association) football
futebol americano	**football**	American football

G

PORTUGUÊS	INGLÊS AMERICANO	INGLÊS BRITÂNICO
gado holandês	**Holstein**	Friesian
gaiola, trepa-trepa (parquinho infantil)	**monkey bars, jungle gym**	climbing frames
galantine de porco	**headcheese**	brawn
galeria (teatro)	**(peanut) heaven**	gods
galinheiro	**fowl/chicken run**	chicken run
galo	**rooster, cock**	cock
galochas	**rubbers, overshoes**	galloshes
gamarra (peça de arreio)	**bearing rein, checkrein**	bearing rein
gancho de guindaste	**drag hook**	load hook
gangorra	**teeter-totter, see-saw**	see-saw
gari, coletor de lixo	**street cleaner**	road sweeper
garota	**chick**	bird

PORTUGUÊS	INGLÊS AMERICANO	INGLÊS BRITÂNICO
garrafa térmica	**thermos bottle**	thermos flask
garras (ourivesaria)	**Tiffany setting**	claw setting
garras da lei	**arm of the law**	limb of the law
gás liquefeito de butano	**propane gas**	Calor gas
gasolina	**gas**	petrol
gasto por manuseio (artigo de loja)	**shopworn**	shopsoiled
gato sem dono	**alley cat**	stray cat
gaveta de fichas	**card catalog**	card index
gaze cirúrgica/farmacêutica	**surgical dressing, gauze**	lint, bandage
gaze de algodão (doméstica)	**cheesecloth**	(butter) muslin
geladeira	**ice-box, fridge**	fridge
geladeira com congelador	**refrigerator-freezer**	fridge-freezer
gelatina em pó	**Jello-O**	jelly
geléia	**jelly**	jam
gelo-seco	**dry ice**	hot ice
giesta (botânica)	**dyer's broom**	dyer's-greenweed
glacê (confeitaria)	**icing, frosting**	icing
gola olímpica	**turtleneck**	polo neck
gôndola (ferrovia)	**gondola car**	open goods-wagon
gordura infantil	**baby fat**	puppy fat
gorro de malha	**stocking cap**	jelly-bag
gosma	**gunk**	gunge
governo	**administration**	government
gráfico de comparação de quantidades	**barchart, bargraph**	bargraph
gráfico de operações (indústria)	**flow sheet**	flow chart
grampo de cabelo	**bobby pin**	hair pin
grão (cereal)	**grain**	corn
grão de bico	**garbanzo bean, chickpea**	chickpea
grapefruit	**grapefruit, pomelo**	grapefruit
gravata	**tie, neck-tie**	tie
gravidez imaginária	**hysterical pregnancy**	phantom pregnancy
"grego" (figurado), incompreensível	**"Greek"**	double Dutch
grelha	**broiler**	grill
grelhar	**to broil**	to grill
greve branca, fazer	**work by the book**	work to rule
greve de apoio a outros grevistas, fazer	**to go on sympathy strike**	to black

PORTUGUÊS	INGLÊS AMERICANO	INGLÊS BRITÂNICO
grosseiro (pessoa)	**boor**	bounder
grosseria	**rudeness**	rudeness, rudery
grupo de bridge (jogo)	**bridge foursome**	bridge school
guarda de trânsito	**traffic officer**	traffic warden
guarda de trânsito em saída de escola	**school crossing guard**	lollipop man/woman
guarda de trem (ferrovia)	**brakeman**	guard
guarda de trem que verifica bilhetes (ferrovia)	**conductor**	ticket inspector, guard
guarda policial	**policeman, cop**	constable, bobby
guarda-cancela (ferrovia)	**gateman**	crossing keeper
guarda-freios (ferrovia)	**brakeman**	brakesman
guarda-linha (ferrovia)	**trackwalker**	linesman
guarda-pó (avental)	**duster**	dust coat
guarda-volumes (teatro, museu)	**check/cloak room**	cloak room
guarda-volumes/malas em estação	**baggage/check room**	left luggage office
Guerra da Independência Norte-Americana	**American Revolution**	War of American Independence
guia (de calçada)	**curb (side)**	kerb (side)
guichê de banco ou correio	**station window**	position
guichê de informações (ferrovia)	**information bureau**	information office
guinada/mudança de opinião	**about face**	about turn
guinchar (ruído)	**to screech/screak**	to screech
guincho, carro	**wrecker, tow/crane truck**	breakdown van/lorry
guisado	**jumble, gallimaufry**	jumble

H

PORTUGUÊS	INGLÊS AMERICANO	INGLÊS BRITÂNICO
haste de óculos	**temple**	arm
Hei! (interjeição)	**Hey!**	Hullo!
hélice de avião	**airplane propeller**	airscrew
hemofilia	**hemophilia**	haemophilia, bleeder's disease
hidrante	**fire plug**	(fire) hydrant
hipermetrope	**far-sighted**	long-sighted
hipocondríaco	**hypocondriac**	imaginary invalid, hypocondriac

PORTUGUÊS	INGLÊS AMERICANO	INGLÊS BRITÂNICO
hippie	**flower child**	flower people
história em quadrinhos	**cartoon, comic strip**	cartoon
Homens Trabalhando (rodovia)	**Men Working**	Road Works
hora certa pelo telefone	**time signal**	speaking clock
horário de trens (ferrovia)	**schedule**	timetable
horário de verão	**daylight saving time**	summer time
horário flexível de trabalho	**flextime**	flexitime
horário nobre (televisão)	**prime-time television**	peak-viewing time
horrível	**awful**	awful, shocking
hotel residência	**apartment hotel**	service flat

I

PORTUGUÊS	INGLÊS AMERICANO	INGLÊS BRITÂNICO
idade de aposentadoria	**retirement age**	superannuation
idéia brilhante súbita	**brainstorm**	brainwave
identificação de suspeitos (polícia)	**police lineup**	identification parade
idiota (pessoa)	**duffer, dub**	duffer
idoso	**aging**	ageing
ignição (veículo)	**ignition set**	ignition harness
ilha divisória de trânsito	**safety island**	traffic island
imediatamente	**right away, immediately**	straight away, directly
imediato (navegação)	**mate**	first mate
impermeabilizante de construção	**insulating layer**	damp course
impermeabilizante de couro	**leather dressing**	dubbing
impermeável (tecido)	**waterproofed**	proofed
impermeável, capa	**raincoat**	mackintosh
imposto de consumo	**sales tax**	purchase tax
imposto de renda retido na fonte	**withholding tax**	P.A.Y.E. (pay as you earn)
imposto de transmissão *causa mortis*	**inheritance tax**	death duty
Imprensa Oficial	**Government Printing Office**	Her Majesty's Stationary Office
impressões digitais	**prints**	prints, dabs
impressor de volantes	**instant printer**	jobbing printer
incendiário	**arsonist**	fire raiser
incinerador de lixo	**garbage incinerator**	destructor

incomodar	**to put out**	to put out/about
incomodar-se	**to care**	to mind
incompreensível, "grego" (figurado)	**"Greek"**	double Dutch
indenização (perda de emprego)	**severance pay, dismissal with bonus**	severance pay, golden handshake
indexado	**adjusted to inflation, indexed**	index-linked
indicador de seta (veículo)	**turn indicator**	trafficator, blinker, winker
indicar candidato político	**to nominate**	to adopt
índice de preços	**consumer price index**	retail price index
indisposto	**queasy**	queer
infantaria	**infantry**	infantry, foot
inferior (qualidade)	**crummy**	crummy, tinpot
informação telefônica	**information**	inquiries
informar alguém	**to fill in**	to gen up/fill in
infração de trânsito	**traffic violations**	motoring offences
injeção hipodérmica, agulhada	**shot**	jab, shot
inquérito, investigação	**investigation**	enquiry
inquilino de quarto	**roomer**	lodger, roomer
insalubre	**unsanitary**	insanitary
inseto	**insect, bug**	insect
inseto sem asas	**walking stick**	stick insect
inspetor de alunos	**proctor**	invigilator
inspetor de seguros	**adjuster**	assessor
instalador de fios	**linesman, lineman, wireman**	linesman
instituto meteorológico	**weather bureau**	meteorological office
instrução programada	**programmed instruction**	programmed learning
insuficientemente preparado	**half cocked**	at half cock
interpretação artística	**rendition**	rendering, rendition
intervalo (teatro, concerto)	**intermission**	interval
intervalo escolar	**recess**	break
ir para a cama cedo	**go to bed early**	have an early night
irreal	**unreal, irreal**	unreal
irritado	**het up**	het up, strung up
isca (pesca)	**maggot**	maggot, gentle
isenção de imposto de renda por baixa renda	**exemption**	personal allowance
item de programa político	**plank**	item

J/K

PORTUGUÊS	INGLÊS AMERICANO	INGLÊS BRITÂNICO
jamanta (veículo)	**trailer truck, semi**	articulated lorry
janela francesa	**French doors**	French windows
janota	**dandy, Beau Brummell**	dandy
jardim de infância	**Kindergarten**	Kindergarten, infant school
jardim de inverno	**sun parlor**	sun lounge
jardim de uma casa	**yard**	garden
jardineira (vestuário)	**overalls**	bib and brace, dungarees
jarra	**pitcher**	jug
jeito nenhum, de	**nowise, noways, not on your life!, no way!**	nowise, not on your Nelly!
joaninha (inseto)	**ladybird, ladybug**	ladybird
jogo (conjunto de peças)	**set**	case
jogo amistoso	**exhibition game**	friendly game
jogo de damas	**checkers**	draughts
jogo de paciência	**solitaire**	patience
jogo-da-velha	**tick tack toe, crisscross**	noughts and crosses
jóia (entrada para clube)	**initiation fee**	entrance fee
jóia (taxa de inscrição)	**dues**	dues, subscription
jornal informativo de empresa	**house organ**	house journal
jornaleiro de banca	**news dealer**	news agent/vendor
jornalista	**journalist, newsman**	journalist
jornalista principiante, foca	**junior correspondent**	junior reporter
jovial	**chipper**	cheerful, happy
Karo	**corn syrup**	golden syrup

L

PORTUGUÊS	INGLÊS AMERICANO	INGLÊS BRITÂNICO
lã virgem	**virgin wool**	new wool, virgin wool
laço (de pegar gado)	**lasso, lariat**	lasso
ladeira	**grade (hill)**	gradient
ladrão de gado	**cattle rustler**	cattle lifter
lago	**lake**	lake, waters
laguinho para criança	**baby/wading pool**	paddling pool
lamacento	**miry, found(e)rous**	miry
lambuja, de	**in the bargain**	into the bargain

PORTUGUÊS	INGLÊS AMERICANO	INGLÊS BRITÂNICO
lâmpada a álcool	**alcohol lamp**	spirit lamp
lâmpada piloto	**pilot light**	pilot lamp
lâmpada queimada	**burned out bulb**	fused lamp
lampião (com manga)	**hurricane lamp**	hurricane lamp, storm lantern
lance mínimo	**reserve/upset price**	reserve price
lancha torpedeira	**PT boat (patrol torpedo)**	MTB (motor torpedo boat)
lanche que se leva ao trabalho	**brown bag**	packed meal
lanche reforçado que substitui o jantar, ajantarado	**light supper**	knife and fork tea
lancheira	**lunch box**	piece tin
lanchonete	**coffee shop**	coffee bar
lanchonete *self-service*	**cafeteria**	self-service canteen
lanterna	**flashlight**	torch
lanterna traseira (veículo)	**tail light**	rear lamp/light
lápis indelével	**indelible pencil**	copying pencil
lapiseira	**mechanical pencil**	propelling pencil
laquê para cabelo	**hair spray**	lacquer, hair spray
lareira, canto de	**chimney-corner**	ingle-nook
larva usada como isca (pesca)	**maggot**	maggot, gentle
lata	**can**	tin
lata de biscoitos	**cracker barrel**	biscuit tin
lata de lixo em lugares públicos	**garbage/ash/trash can/ basket**	dust/litter/waste bin
lateral (esporte)	**sideline**	sideline, touchline
lateralmente	**sidewise**	sideways
lavador de pratos em restaurante (pessoa)	**dishwasher**	washer-upper
lavar a louça	**to do the dishes**	to wash up
lavrador	**farmhand**	agricultural labourer
leão de chácara	**bouncer**	bouncer, chucker out
lebre	**jackrabbit**	prairie hare
Lei de Murphy	**Murphy's Law**	Sod's Law
lei orgânica	**municipal ordinance**	by-law
leite inspecionado	**certified milk**	attested milk
leiteiro	**milkman**	milk roundsman
leito de ferrovia	**roadbed**	permanent way
leitura para exame escolar	**required reading**	set book
lenço de papel	**tissue**	paper handkerchief
lenhador	**logger, lumberer, lumber-jack, lumber/timberman**	logger, forest labourer, woodman

PORTUGUÊS	INGLÊS AMERICANO	INGLÊS BRITÂNICO
ler em voz alta	**read aloud**	read out
letra de favor (financeiro)	**accommodation paper**	accommodation bill
letra manuscrita	**handwriting**	hand
levantamento de estoque	**inventory**	stocktaking
levantar com alavanca	**to prize/pry**	to prize/prise
levar bomba em exame escolar	**to flunk**	to plough
libélula	**darning needle, dragon fly**	dragon fly
liberdade condicional, em	**on probation**	conditionally discharged
lição de casa	**assignment**	home work
licença para construção	**building permit**	planning permission
ligação telefônica completada (via telefonista)	**connected**	connected, through
limonada	**lemonade**	lemonade, lemon squash
limpador de chaminé	**chimney sweeper**	chimney sweep
linha de montagem (indústria)	**assembly-line work**	repetition work
linha de partida em esportes	**scratch line**	scratch
linha de telefone não ligada	**allocated line**	spare line
linha de trem	**railroad**	railway
linha lateral em esporte	**sideline**	sideline, touch-line
linha para costura	**thread**	cotton
linha reta, em	**beeline, air line**	beeline
linha telefônica de assinantes	**costumers' telephone line**	subscriber's telephone line
linóleo	**linoleum**	linoleum, lino
liquidação em lojas	**sales**	special offers, sales
liqüidificador	**blender**	liquidiser
lista de barbadas (turfe)	**scratch sheet**	dope sheet
lista de honra	**honor roll**	roll of honour
lista de rodízio	**roster**	roster, rota
lista telefônica	**telephone book**	telephone/Postoffice directory
living	**living room**	living/sitting room
livro de culinária	**cook book**	cookery book
livro, clube do	**book club**	Book society
lixeira com pedal para abrir	**step-on garbage pail**	pedal bin
lixeiro	**garbage collector**	dustman
lixo radioativo	**radwaste**	radioactive waste
lobinho (escotismo)	**cub scout**	wolf cub
loção com filtro solar	**sun screen lotion**	sun-filter lotion

PORTUGUÊS	INGLÊS AMERICANO	INGLÊS BRITÂNICO
locomotiva de manobra (ferrovia)	**switch engine, switcher**	shunting engine, shunter, shunting locomotive
locutor de noticiário (rádio, TV)	**newscaster**	newsreader
loja	**store**	shop
loja de artigos baratos	**department store**	departamental store
loja de bebidas	**liquor/package store**	off-license
loja de conveniência	**convenience food store, corner shop**	multiple store/shop
loja de descontos	**discount stores/house**	warehouse stores, tally shop
loja de ferragens	**hardware store**	ironmonger's
loja de jardinagem/plantas	**nursery**	garden centre
loja de material de construção	**building supply firm**	builder's merchant
loja de tecidos e armarinho	**dry good's store**	draper's shop
loja pertencente a uma cadeia (de lojas)	**chain store**	multiple store/shop
lombada (trânsito)	**speed bump, thank you ma'm**	sleeping policeman, ramp
longa duração, de (roupa, calçado)	**long/hard wearing**	hard wearing
longitudinalmente	**lengthways, lengthwise**	lengthways
loteamento	**(real estate) development, housing development, subdivision**	estate, housing estate
louco por	**enthusiastic about**	keen on
louco por alguma coisa	**to be crazy about something/someone**	to be mad on something/ someone
lucrativo (pessoa/coisa)	**moneymaker**	moneymaker, money-spinner
ludibriado	**swindled**	done brown
ludo	**Parcheesi**	ludo
lugar em pé (em estádio)	**standing room**	terraces
luz alta (veículo)	**headlights**	headlamps
luz baixa (veículo)	**dimmer**	dipper
luz baixa, botão de (veículo)	**dimmer, switcher**	dipper switch
luz de ré (veículo)	**back up light**	reverse lamp, reversing light
luz de teto (veículo)	**dome light**	roof light
luz estroboscópica	**strobe light**	strobe lighting
luz fluorescente	**fluorescent lighting**	fluorescent/strip lighting

M

PORTUGUÊS	INGLÊS AMERICANO	INGLÊS BRITÂNICO
maçã caramelada	**taffy/candied apple**	tofee apple
macacão (vestuário)	**overall**	boiler suit
macacão de bebê (vestuário)	**babygrows**	stretch coveralls
maçaneta de janela de carro	**window handle/roller**	window winder
maçarico	**blowtorch**	blowlamp
maconha	**marijuana, Mary Jane**	marijuana
madeira de serraria/ construção	**lumber**	timber
madrepérola	**mother of pearl**	mother of pearl, nacre
mágico	**magician**	conjurer
magna cum laude	**magna**	second
maiô	**bathing/swimming suit**	bathing/swimming costume
maioria simples (votos)	**plurality**	relative majority
maioridade	**legal age**	full age
maisena	**corn starch**	cornflour
mala postal	**mail bag**	post bag
malária	**malaria**	malaria, marsh fever
malha (vestuário)	**sweater**	jersey
malpassado (culinária)	**rare**	underdone
mamadeira	**nursing bottle**	feeding bottle
mamãe	**mom, ma**	mam, mum
mamão	**papaya**	papaya, papaw, pawpaw
mancebo (cabide de chapéu)	**hat tree**	hat stand
manchar a reputação	**to spoil the record**	to blot one's copy-book
manchas de velhice na mão	**liver/old age spots**	grave marks
manga bufante (vestuário)	**puff sleeve**	puffed/balloon sleeve
manobrar trem	**to sidetrack**	to shunt
manobreiro (ferrovia)	**switchman**	pointman
manta de viagem	**lap robe**	travelling rug
manteiga fresca sem sal	**sweet butter**	fresh butter
mão-aberta	**open handed**	open/large handed
mãos boas para plantas, "dedos verdes" (figurado)	**green thumb/fingers**	green fingers
máquina caça-níqueis	**slot machine**	fruit machine, one-armed bandit
máquina de emitir bilhetes	**ticket-stamping machine**	ticket printing machine
máquina de franquia postal	**postage meter**	franking machine

PORTUGUÊS	INGLÊS AMERICANO	INGLÊS BRITÂNICO
máquina de lavar pratos	**dishwasher**	washing-up machine
máquina de moer carne	**meat grinder/choper**	mincer, mincing machine
maquinista (ferrovia)	**engineer**	engine driver
maquinista e foguista (ferrovia)	**engineer and fireman**	footplateman
maravalha para enchimento	**excelsior**	woodshavings
maravilhoso (adjetivo)	**terrific**	terrific, smashing
marcha a ré, dar	**to back up**	to reverse
marcha de veículo, mudar a	**to shift gears**	to go up/down through the gears
marcha lenta (veículo)	**low gear**	bottom gear
margarina	**oleo (margarine)**	marge, margarine
Marinha Mercante	**Merchant Marine**	Mercantile Marine
marinheiro	**mariner**	sea ranger
mascate	**peddler, huckster**	pedlar, chapman, hawker, costermonger
massa de tomate (culinária)	**tomato paste**	tomato purée
mastro de bandeira	**flagpole**	flagstaff
mata-burro	**cattle guard**	cattle grid
matar aula	**to play hook(e)y/truant**	to play truant
matemática	**math**	maths
matemática moderna	**new math**	modern maths
matéria optativa (ensino superior)	**elective, optional**	optional
matéria secundária (ensino)	**minor subject**	secondary subject
mau elemento (pessoa)	**bad egg**	bad hat
mau pedaço (figurado)	**rough time**	bad patch
maus modos	**bad manners, unacceptable behavior**	bad form
mecanismo	**machinery**	machinery, works
meda	**haystack**	haycock
médico	**physician**	doctor
médico anestesista	**anesthesiologist**	anasthetist
médico residente assistente de cirurgião	**intern, resident**	physician houseman, registrar
megafone	**bullhorn**	megaphone, loud-hailer
meia soquete	**anklet**	ankle sock
meia-volta, volver!	**about face**	about turn
meia-calça de náilon	**nylon pantyhose**	nylon tights
meio tom, subir (música)	**to sharp**	to sharpen

PORTUGUÊS	INGLÊS AMERICANO	INGLÊS BRITÂNICO
melaço, melado	**molasses**	treacle
membro de júri	**jury duty**	jury service
membro/sócio fundador	**charter member**	founder member
memória (computação)	**memory**	memory, store
menino de entrega	**delivery boy/man**	errand boy
mensageiro de hotel	**bellhop, bellboy**	page, page boy, buttons
mensalidade (clube)	**dues**	dues, subscription
mentirinha	**fib**	fib, tarradiddle
mercado imobiliário	**real estate**	property market
mesa, pôr/arrumar a	**to set the table**	to lay the table
metrificar	**to metricize**	to metricate
metrô	**subway, metro**	underground, tube
mictório público	**rest room, comfort station**	public convenience
milanesa, à (culinária)	**breaded**	crumbed
milho	**corn**	maize
militar, em atividade	**active duty**	active service
mimeografar	**to mimeograph**	to cyclostyle
mimeógrafo	**mimeograph**	duplicator
mineração de superfície	**strip/open pit mining**	open cast, shaft mining
mingau	**gruel**	gruel, skilly
mingau de aveia	**oatmeal**	porridge
minhoca	**earth worm, crawler**	earth worm
minicarro	**Mini-Minor**	Mini
mínima (música)	**half note**	minim
Ministério das Relações Exteriores	**State Department**	Foreign Office
ministro	**cabinet officer**	cabinet minister
ministro das Relações Exteriores	**Foreign Minister**	Secretary of State
míope	**nearsighted**	shortsighted
mira (agrimensura)	**rod**	staff
miscelânea de gente/coisas	**odds and ends**	odds and sods/ends
miserável, pão-duro	**stingy, tight**	mean, stingy
misturador de torneira	**mixing faucet**	mixer tap
moça que entretém em bares	**B-girl**	nightclub hostess
mochila	**backpack**	rucksack
moeda de cálculo	**money of account**	unit of account
moedeiro, bolsinha de moedas	**change purse**	purse
mofento	**musty**	frowsty

PORTUGUÊS	INGLÊS AMERICANO	INGLÊS BRITÂNICO
moisés	**baby carrier, portacrib**	carry cot
moleirão, molenga	**slowpoke**	slowcoach
moleton	**sweatshirt**	sweater
molheira	**gravy boat**	sauce boat
mononucleose	**mononucleosis**	glandular fever
montanha-russa (diversão)	**roller coaster**	roller coaster, big dipper, switchback
monte de, um	**tons of**	masses of
morte súbita de bebê durante sono	**crib death**	cot death
mostra de arte	**exhibit**	exhibition
motel	**motel, motor lodge**	motel
motocicleta com *side-car*	**three wheel motorcycle**	combination
motociclista ou ciclista	**cycler**	cyclist
motor com válvulas no cabeçote (veículo)	**valve-in-head engine**	overhead-valve engine
motor de dois tempos (veículo)	**two-cycle**	two stroke
motor de quatro tempos (veículo)	**four cycle**	four stroke
motorista	**driver of a car**	motorist
mover ação contra	**sue someone in court**	bring an action
movimento grevista	**union protest activity**	industrial action
mudança de marcha (veículo)	**shift of gears**	gear change
mudança/guinada de opinião	**about face**	about turn
mudar a marcha (veículo)	**to shift gears**	to go up/down through the gears
muito (advérbio)	**mighty**	jolly
mulher de malandro, vadia	**moll**	moll, bint
multa de trânsito	**traffic ticket**	traffic offense notice
mural	**billboard**	hoarding

N

PORTUGUÊS	INGLÊS AMERICANO	INGLÊS BRITÂNICO
naco	**chunk**	chunk, wodge
nadadeira	**fin**	flipper
nadar	**to swim**	to swim/bathe

PORTUGUÊS	INGLÊS AMERICANO	INGLÊS BRITÂNICO
nádegas	**haunches, fanny**	haunches, hunkers
naninha, fazer (linguagem infantil)	**beddy-bye**	bye-byes
navalha	**straight razor**	cutthroat razor
navio de guerra	**battleship, battlewagon**	battleship
navio-transporte de tropas	**troopship**	troopship, trooper
negociante	**storekeeper**	tradesman
negociante de artigos de segunda-mão	**junkman**	rag-and-bone man, ragman, ragpicker
negociante de tecidos	**dealer in textiles**	mercer
negociar com	**to handle**	to do
nervoso	**het up**	het up, strung up
nó corredio	**slip knot**	running/skip knot
nó direito (náutica)	**square knot**	reef knot
nome de batismo, primeiro nome	**Christian/given/ baptismal name**	Christian/given name
nota de caixa registradora	**cash register**	till receipt
nota de devolução de compra	**credit voucher**	credit note
nota de dinheiro	**bill**	note
nota de passagem (música)	**passing note/tone**	passing note
nota dez/máxima (ensino)	**A+**	alpha
nota dez, aprovação com	**full approval**	full marks
nota mínima para passar	**passing grade**	pass
noticiário de rádio/televisão	**news broadcast, newscast**	news broadcast
noticiário esportivo	**sports broadcast, sportscast**	sportscast
notívago	**night owl/hawk**	night bird/owl
novo em folha	**brand new**	split new, brand new
núcleo residencial	**housing development**	housing estate
nudismo	**nudism**	nudism, naturism
número de telefone desativado	**disconnected number**	ceaseline
número de telefone não listado	**unlisted number**	ex-directory number

PORTUGUÊS	INGLÊS AMERICANO	INGLÊS BRITÂNICO

O

obras, em (rodovia)	**men working**	road works
observador de pássaros	**birdwatcher, birder**	birdwatcher
obstáculo (trânsito)	**speed bump, thank you ma'm**	ramp, sleeping policeman
obturação dentária	**filling**	filling, stopping
óculos	**(eye) glasses**	spectacles
ocupado (telefone, linha)	**busy signal**	engaged
odômetro	**odometer**	mileometer
oferta, em (mercadoria de loja)	**special, on sale**	on offer
oficina mecânica	**(body) shop**	garage, panel-beating shop
olaria	**brickyard**	brickfield, brickyard
oleado (tecido)	**oil cloth**	American cloth
óleo mineral	**mineral oil**	liquid paraffin
olho mágico (sintonia de rádio)	**electric eye**	electric eye/eye
olhos vendados, com os	**blindfolded**	blindfold
ondas de calor (menopausa)	**hot flash**	hot flush
ônibus de turismo ou longa distância	**bus**	coach
operação tartaruga (indústria)	**slowdown, stay/sit in**	go-slow, job action
opilião (aracnídeo)	**daddy long-legs**	harvest-man
opinião, guinada/ mudança de	**about face**	about turn
orçamenteiro	**materials appraiser**	quantity surveyor
orçamento de construção	**cost estimate**	bill of quantity
ordem de pagamento (banco)	**money (transfer) order**	banker's order
Ordem dos Advogados	**Bar Association**	Law Society
Ordem Religiosa	**religious order**	fraternity
orelha de livro	**liner notes**	sleeve notes
órgão a vapor (música)	**calliope**	steam organ
orientar	**to orientate**	to orient
orvalho	**frost**	hoarfrost
ossinho da sorte (galináceo)	**wish bone**	wishbone, merrythought
otário	**sucker**	mug
Ótimo	**Great**	Lovely

PORTUGUÊS	INGLÊS AMERICANO	INGLÊS BRITÂNICO
ouro, banhado a	**filled gold**	rolled gold
outono	**Fall**	Autumn
ovo cozido duro	**hard boiled egg**	hard-bake, hard-cooked egg
ovo de madeira para serzir meias	**darning ball**	darning egg/mushroom
ovo pochê	**poached/dropped egg**	poached egg

P

paciência (jogo de baralho)	**solitaire**	patience
pacote	**packet**	parcel
pacote turístico	**package/guided tour**	packet holiday
pacotinho	**packet, pack**	packet
padaria	**bakeshop, bakery**	bakehouse, bakery, baker's
pagamento adiantado de aluguel (depósito)	**security deposit**	key money
pagamento contra entrega (comércio)	**collect on delivery (COD)**	cash on delivery, carriage forward
pagamento de entrada	**down payment, deposit**	down deposit
pagamento de salários atrasados	**back pay/salary**	arrears of pay/salary
páginas de livro antes do texto	**front matter**	front matter, prelims
painel de automóvel	**dashboard**	dashboard, fascia panel
palerma	**dolt, lunkhead, dub**	dolt, dub
palha de aço	**steel wool**	wire wool
palha de milho	**cornshuck, cornhusk**	cornhusk
panela para banho-maria	**double boiler**	double sauce-pan, double boiler
panfleto	**flyer, handbill**	handbill
pano de fundo (teatro)	**back drop**	back cloth
pano de pratos	**dish/tea towel**	tea towel, drying-up cloth
pano para cobrir móveis	**dust cover**	dust cover/sheet
pano para lavar/secar pratos	**dishcloth, dish rag**	dishcloth
pano para tirar pó	**dustcloth**	duster
panqueca	**pancake, slapjack**	pancake
pão de trigo integral	**whole wheat bread**	wholemeal bread, brown/ Hovis bread
pão para cachorro-quente	**hotdog bun**	bridge roll
pão para hambúrguer	**hamburger roll**	bap

PORTUGUÊS	INGLÊS AMERICANO	INGLÊS BRITÂNICO
pão-de-ló	angel food cake	angel cake
pão-duro, miserável	stingy, tight	mean, stingy
pãozinho doce de canela	cinnamon roll	Chelsea bun
Papai Noel	Santa Claus	Santa Claus, Father Christmas
papel de bala	candy wrapper	sweet wrapper
papel de cozinha (absorvente)	paper towels	kitchen paper/roll/towel
papel higiênico	bathromm tissue, toilet paper	toilet/lavatory paper
papel para desenho	drawing paper	Cartridge paper
papel reaproveitado para rascunho	scratch paper	scrap paper
para dentro	inward	inwards
para fora	outword	outwards
pára-brisa (veículo)	windshield	windscreen
parada de caminhões	truck stop	lorry pull in/up
parada não obrigatória (transporte)	flag stop	request stop
parafernália	gear	traps
parafina	paraffin	white wax
pára-lama (bicicleta)	fender	mudguard
pára-lama (veículo)	fender, splashguard	wing, mudflat
pára-raios	lightning rod	lightning conductor
pardal	house/English sparrow	house sparrow
Pare! (ordem)	Stop!	Halt!
parecer que	to look as if	to look like
parente	relative	relation, relative
parêntesis	parentheses, brackets	(round) brackets
parque de diversões	amusement park, carnival	funfair
parque industrial	industrial park	industrial estate
parte elevadiça do palco	elevator	bridge
participante de evento	attender, attendee	attender
passagem de nível (ferrovia)	grade crossing	level crossing
passagem entre filas de cadeiras (teatro, igreja)	aisle	aisle, gangway
passagem subterrânea para pedestres	pedestrian underpass	subway
passar um pano para limpar	to mop/clean	to wipe over
passear de carro	to drive	to motor
pastor	herdsman, herder	herdsman
pateta	nitwit	nitwit, nit

PORTUGUÊS	INGLÊS AMERICANO	INGLÊS BRITÂNICO
pátio de manobras (ferrovia)	**switchyard**	shunting/marshalling yard
pato mergulhão	**mergauser, fish duck**	mergauser
patrulha motorizada (polícia)	**patrol car, squad car**	panda car, mobile police
pavimentador	**cement mason, pavior**	paviour
peça (brincadeira de mau gosto)	**monkey shine**	practical joke, monkey tricks
pechincha	**bargain, steal**	bargain, snip
pechinchar	**to dicker/barter**	to barter
pedalinho	**peddle boat**	pedalo
pé-de-cabra (ferramenta)	**jimmy**	jemmy
pé-de-pato (natação)	**fin**	flipper
pedra de amolar	**whetstone**	whetstone, rubstone
pedra de anil	**blueing**	bag blue
pedra de cumieira	**copestone**	copingstone
pedregulho, cascalho	**gravel**	loose chippings
pegador de panela	**pot holder**	oven cloth
pegador de roupa	**clothes pin**	clothes peg
pega-rapaz (penteado)	**spit curl**	kiss curl
peitilho de camisa	**bosom of shirt**	shirtfront
peixeiro	**fish dealer**	fish monger
pele arrepiada de frio ou medo	**goose bumps**	goose flesh/pimples
pendurar roupa no varal	**to hang out the wash**	to peg out
penhoar (vestuário)	**dressing gown, house coat**	undressing robe
penhorista	**pawnbroker**	pawnbroker, uncle
penico	**chamber pot**	po
penitenciária do estado	**penitentiary, state prison**	prison, gaol
pensão	**lodging/rooming house**	lodging house
pensão (casa e comida)	**room and board**	bed and board
pensão para gatos	**cat-boarding kennel**	cattery
pensionista	**lodger, roomer**	lodger
pentabarbitúrico	**pentobarbital**	pentobarbitone
penteadeira (móvel)	**vanity/dressing table**	dressing table
pente-fino	**fine toothed comb**	fine tooth comb
penúltimo	**next to the last**	last but one
pequenininho	**tiny, bitsy**	tiny
percevejo (inseto)	**chinch, bedbug**	bug
percevejo (tachinha)	**thumbtack**	tack, drawing pin
perdidos e achados, seção de	**lost-and-found office**	lost property office

PORTUGUÊS	INGLÊS AMERICANO	INGLÊS BRITÂNICO
perfume	**perfume**	scent, perfume
perigo (rodovia)	**accident spot**	black spot
perigo, em	**in danger**	at risk
período de proibição de caça e pesca	**closed season**	close season
período letivo	**semester, term**	term
pernóstico	**persnickety**	pernickety
persiana de enrolar	**blind, shade**	roller blind
pertencente à Ordem dos Advogados	**admited to practice**	called to the bar
pertences	**gears**	traps
perturbar	**to disturb/faze**	to disturb
perua (veículo)	**station wagon**	estate (car)
pés de barro (figurado)	**feet of clay**	heels of clay
pescaria (brincadeira infantil)	**grab bag**	lucky dip
pessoa experiente	**old hand**	old hand/soldier
pessoa que suja lugares públicos	**litterbug**	litter lout
pessoa sem importância	**small potatoes**	small beer
peteca	**birdie, shuttlecock**	shuttlecock
petulância	**nerve**	neck
petulante	**cheeky, nervy**	cheeky
pia de banheiro ou quarto	**sink, washbowl**	basin, wash basin
picolé	**popsicle**	ice lolly
picote (renda, crochê)	**picot**	purl, pearl
piegas	**corny, cornball**	corny
pimenteiro	**pepperbox, pepper shaker**	pepper pot
pino de cruzeta (mecânica)	**gudgeon/wrist pin**	gudgeon pin
pino mestre da manga de eixo (mecânica)	**king pin**	swivel pin
pintura externa da casa	**outdoor painting**	external painting
pirulito	**sucker, lollypop**	lollipop
piscina coberta, interna	**indoor swimming pool**	swimming-bath
piscina infantil	**baby/wading pool**	paddling pool
piscina pública	**public swimming pool**	Lido
pista de baixa velocidade (trânsito)	**slow (traffic) lane**	crawler lane
pista de corrida turfística	**racetrack**	race-course
pistola de água	**water pistol, squirt gun**	water pistol
pistola de pulverização	**spray gun**	garden syringe
placa (veículo)	**license plate**	numberplate

PORTUGUÊS	INGLÊS AMERICANO	INGLÊS BRITÂNICO
planejamento	**plan**	scheme
planejar horário de atividades	**to schedule**	to timetable
plano de aposentadoria	**pension plan**	pension scheme
plano de compra em prestações	**installment plan**	hire purchase, tally plan
planta anual	**annual**	bedder
planta de vaso	**house plant**	plant pot
plastrom (gravata)	**ascot**	cravat
platéia em teatro	**orchestra**	stalls
plissé soleil (vestuário)	**sunburst pleats**	sunray pleats
pneu furado	**flat tire**	puncture
pó de arroz compacto	**face-powder compact**	flapjack
podeira, podão	**bill(-)hook**	trouncing hook
podiatria	**chiropody, podiatry**	chiropody
policiamento, sob	**patrolled**	under observation
polidor de unhas	**(fingernail) buffer**	nail pad
política salarial	**wage control**	pay policy
politiqueiro de *lobby*	**lobbyist**	pressure group
poltrona de madeira	**wooden arm-chair**	wooden-armed chair
pólvora	**gunpowder, black powder**	gunpowder
ponte aérea	**shuttle**	shuttle, air bridge
ponte flutuante	**floating bridge**	float bridge
pontilhão (cruzamento)	**overpass**	fly-over
ponto crítico (matemática)	**critical point**	stationary point
ponto de exclamação	**exclamation point**	exclamation mark
ponto de táxi	**taxi stand**	cab/taxi rank
ponto de vista	**viewpoint**	point of view
ponto final	**period**	full stop
pontuação de penalidade de trânsito	**points**	penalty points
porrete	**blackjack**	life-preserver
porta basculante de garagem	**overhead door**	tip-up door
porta dividida horizontalmente	**Dutch door**	stable door
porta escancarada	**standing open**	lying open
porta traseira de caminhão	**tailboard, tailgate**	tailboard
porta-aviões	**aircraft carrier, flattop**	aircraft carrier
porta-chapéu	**hat tree**	hat stand
porta-luvas (veículo)	**glove compartment**	glove box
porta-malas de carro (veículo)	**trunk**	car boot

PORTUGUÊS	INGLÊS AMERICANO	INGLÊS BRITÂNICO
porta-mira (agrimensura)	**rodman**	staffman
portão em plataforma (ferrovia)	**gate**	barrier
porta-toalhas, cabide de toalhas	**towel rack**	towel horse/rail
porte pago (correio)	**postpaid**	postpaid, post free
porteiro (hotel, teatro, cinema)	**doorman**	doorman, commissionaire
pós-graduando	**graduate**	post-graduate
posta restante (correio)	**General delivery**	Poste restante
postar	**to mail**	to post
posto de gasolina	**gas station**	filling/petrol station
poupança, conta de	**savings account**	deposit account
praça pública circular	**circle**	circus
pradaria	**prairies, plains**	prairies
prancha para natação	**fluterboard**	float
pratinho para pão	**breadplate**	side plate
prato de estudante (restaurante)	**short rations**	short commmons
pratos de sobremesa	**dessert plates**	sweet plates
prazo final de prestação de contas	**due date**	due/settlement date
precisa-se empregado (anúncio em jornal)	**help wanted**	situations vacant
preço de custo	**prime cost**	first cost
preço de visita (encanador, elecricista)	**house call charge**	call-out charge
prédio, prédio de escritórios	**building**	house
pré-escola	**preschool**	nursery
prêmio de seguro	**insurence award**	insurance pay-out
pré-natal	**prenatal**	antenatal
prendas domésticas	**home-making**	house-craft
prender (pôr na prisão)	**to arrest**	to arrest/detain
prender roda de carro ilegalmente estacionado	**to boot**	to clamp
preparado insuficientemente	**half cocked**	at half cock
preparador de laboratório (escola)	**laboratory assistent**	demonstrator
preso pela polícia	**arrested**	had up, arrested
prévia eleitoral, fazer	**to have a general election**	to go to the country

PORTUGUÊS	INGLÊS AMERICANO	INGLÊS BRITÂNICO
previdência privada	**Benefit Society**	Friendly Society
Previdência Social	**National Welfare**	National Insurance
Prezados senhores, (carta)	**Gentlemen,**	Dear Sirs,
primeira (marcha de veículo)	**low gear**	first speed, bottom gear
Primeira Guerra Mundial	**World War I**	World War I, Great War
primeiro andar	**second floor**	first floor
Primeiro de abril	**April Fool's Day**	All Fool's Day
primeiro prato (refeição)	**first course, appetizer**	starter
primeiro violino de orquestra	**concert master**	leader
problema, causar	**to give trouble**	to play up
processar a (justiça)	**to sue someone**	to bring an action
procurar	**to look up**	to look up/out
produtor teatral	**producer**	theatrical manager
professor associado (universidade)	**Associate Professor**	Reader
professor substituto (ensino secundário)	**substitute teacher**	supply teacher
Professor Titular (universidade)	**Full Professor**	Professor
professora de ensino secundário	**school teacher**	school mistress
programa de perguntas (TV)	**quizprogram**	quiz programme/show
proibicionista	**prohibitionist, dry**	prohibitionist
proibido colocar cartazes	**no bill boards**	no hoarding
proibido estacionar	**no parking, no waiting**	no waiting
promoção (comércio)	**special**	on offer
promotor público	**district attorney**	public prosecutor
pronto-socorro, sala de	**emergency room**	accident department
propaganda política paga (TV)	**paid political broadcast**	party political broadcast
própolis	**propolis**	propolis, bee glue
propriedade (terras)	**real estate**	property
prostituto jovem, michê	**hustler**	rent boy
prova de bala, à	**bullet proof**	bullet/bandit proof
psicanalista	**head shrinker**	trick cyclist
publicidade de qualidade	**institutional advertising**	prestige advertising
público de arquibancada descoberta	**bleachers, bleacherite**	bleachers
pudim de pão	**bread pudding**	bread and butter pudding

PORTUGUÊS	INGLÊS AMERICANO	INGLÊS BRITÂNICO
pufe (almofadão)	hassock	pouf, pouffe
pula-pula (brinquedo infantil)	baby exerciser	baby bouncer
pulôver	pullover	jumper
purê de batata	mashed potatoes	mashed/mash potatoes
puro (não diluído)	straight, neat	neat
puxar o saco	to toady/brownnose	to toady
puxa-saco	goody-two-shoes, goody-goody	goody-goody

Q

PORTUGUÊS	INGLÊS AMERICANO	INGLÊS BRITÂNICO
quadro de avisos	billboard, bulletin board	hoarding/notice board
quadro negro	blackboard, chalkboard	blackboard
quarteirão seguinte	next block	beyond the next turning
quarto de despejo	storage room, lumber	box room
quarto de hóspede	guest room	spare room, guest room
quebra-cabeça de figura	jigsaw/picture puzzle	jigsaw puzzle
quebra-mar	sea wall	sea bank
quebra-mola (trânsito)	bump, thank you ma'm	ramp, sleeping policeman
queijo cheddar	Cheddar/store cheese	Cheddar
queixar-se à polícia	to file a complaint	to lay a charge
queixo ágnoto	receding chin	shotaway chin
queridinho de alguém ou de um grupo	fair haired boy	blue eyed boy
querosene	kerosene	paraffin
quiabo	okra, gumbo	okra
quinquilharia	notions	fancy goods
quintal	back yard	back garden
quíntuplo (criança)	quint	quintuplet, quin
quinzena	two weeks	fortnight
quitanda	greengrocery	greengrocer's

R

PORTUGUÊS	INGLÊS AMERICANO	INGLÊS BRITÂNICO
rabo de olho	corner of the eye	tail of the eye
rábula, advogado medíocre	ambulance chaser	accident tout
ração para gato	cat food	cat's meat
rádio, aparelho de	radio (set)	wireless (set)
radiogravador portátil	boom box	ghetto blaster

PORTUGUÊS	INGLÊS AMERICANO	INGLÊS BRITÂNICO
radiopatrulha	paddy/patrol wagon	panda car, mobile police, black Maria
raia (piscicultura)	sting ray	fireflair
raiz adventícia de apoio	prop/brace root	prop root
ralo (encanamento)	drain	drain, runaway
ralo de pia	drain	plughole, drain
rampa de acesso (rodoviário)	on-ramp	slip road
rancheiro	rancher, ranchero	rancher
rancho	ranch, rancho	ranch
rápido (advérbio)	quickly	smarthish
rappel	rappel	abseil
rata (gafe)	blooper	bloomer
realejo	barrel/hand organ	barrel organ, street piano
recauchutar pneu	to recap/retread	to retread/remould
Receita Federal	Internal Revenue, Treasury	Inland Revenue
recepção de hotel	(front) desk	reception desk
recepcionista de hotel	desk clerk	chief receptionist
receptar mercadoria roubada	to fence, to receive (stolen goods)	to reset
recesso escolar	recess	break
recheio para aves (culinária)	stuffing, dressing	stuffing, forcemeat
reclamação de telefone com defeito	telephone repair department	faults and service department
reconhecimento de suspeitos (polícia)	police lineup	identification parade
recorte de jornal	(newspaper) clipping	(newspaper) cutting
recrutamento militar	draft	call up, conscription
rede de esgoto doméstico	drainage system	drains
redução de pena (prisão)	time off	remission
reembolso postal, compra por	mail order buy	postal order
refeição para viagem (restaurante)	food to go, carry out food	take away food
reflorestar	to reforest	reafforest
reformatório de delinqüentes juvenis	reformatory, reform school	borstal, remand home
regador de plantas	sprinkling/watering can/pot	watering can
regente (orquestra)	director	conductor
registrar	to register/enregister	to register

PORTUGUÊS	INGLÊS AMERICANO	INGLÊS BRITÂNICO
registrar-se em hotel	**to check in**	to check/book in
registro de desempenho (pessoas, times em competição)	**performance record**	league table
registro de ocorrências policiais	**police blotter**	charge sheet
régua triangular	**triangle**	setsquare
reino encantado	**fairy land**	fairyland, elfland
reitor de universidade	**president**	vice-chancellor
relações públicas (funcionário)	**public relations man, flack**	public relations man
relatório de governo	**legislative report**	blue book
religiosa enclausurada	**cloistered nun**	enclosed nun
removedor de manchas da pele	**age spot/freckle remover**	fade-out
renhido (competição)	**nip-and-tuck**	neck-and-neck
replay instantâneo	**instant replay**	action replay
reprimenda	**reprimend**	slating
reprovar, ser reprovado (exame, escola)	**to flunk**	to plough
requisição de abastecimento	**requisition**	indent
reserva (estoque)	**backlog**	reserve supply
reserva ecológica	**reservation**	reserve
respiração boca a boca	**mouth to mouth respiration**	mouth to mouth resuscitation, kiss of life
resposta malcriada	**back talk**	backchat
resposta malcriada, criança dar	**to sass**	to sauce
ressecado	**dried out**	hard
restaurante de beira de estrada	**truck driver's all night diner, truck stop**	transport café, pull in
restaurante *self-service*	**cafeteria**	self-service canteen
reta em pista de corrida	**straightway**	straight
reticências	**ellipsis, suspension points**	ellipsis, marks of omission
retorcer	**to entwine/entwist**	to entwine
retrato falado, kit para compor	**composite**	identikit
retroativo, aumento de salário	**retroactive**	back dated
revisão de matéria	**review**	revision
revista de luxo com papel acetinado	**slick**	glossy (magazine)

PORTUGUÊS	INGLÊS AMERICANO	INGLÊS BRITÂNICO
rezar a missa	**conduct the service**	take mass
riacho	**creek**	beck
rinque de patinação	**skating rink**	ice rink
risca de cabelo	**part**	parting
risinho abafado, contido	**snicker, snigger**	snigger
rocambole (confeitaria)	**jelly roll**	Swiss roll
roda-gigante (diversão)	**ferriswheel**	big wheel
rodapé	**baseboard, mopboard**	skirting board
rodovia, estrada de rodagem	**freeway,throughway, super high way**	motorway
rodovia de duas mãos com canteiro central	**divided highway**	dual carriageway
rolamento de embreagem	**bearing slutch, throwout bearing**	clutch release
rolo de mangueira de incêndio	**hose cart/truck/carriage**	hose reel
romance tipo dramalhão (literatura)	**dime novel**	penny dreadful
ronda dos bares, fazer a	**to barhop**	to pub crawl
rota de carteiro/leiteiro	**rout**	round
rotatória (trânsito)	**rotatory, traffic circle**	roundabout
roupa de cama e banho	**white goods**	white goods, whites
roupa de ginástica	**gym suit**	gym slip
roupa sob medida	**custom tailored**	bespoke, tailor made
roupa usada	**hand-me-downs**	hand/reach-me-down
roupão de banho	**bathrobe**	dressing gown
roupão felpudo	**terrycloth robe**	toweling robe
rua contramão (sinal de trânsito)	**Do Not Enter**	No Entry
rua principal	**Main street**	High street
rua sem saída	**dead end (street)**	cul de sac, blind alley
rua transversal	**cross street**	turning
rudimentos de um assunto	**ABC's**	ABC
ruela de acesso	**service/frontage road**	service road

S

PORTUGUÊS	INGLÊS AMERICANO	INGLÊS BRITÂNICO
sabão (pedaço de)	**bar/cake of soap**	tablet/cake of soap
sabão em pó	**soap powder, laundry soap**	washing powder
sabichão	**smart Alec, know-it-all**	clever Dick, know all

PORTUGUÊS	INGLÊS AMERICANO	INGLÊS BRITÂNICO
saco de couro p/treino pugilista	**punch (ing) bag**	punch ball
saco de pancadas (figurado)	**strawman**	Aunt Sally
saco de surpresas (brincadeira)	**grab bag**	lucky dip
saco para forrar lata de lixo	**trash bag**	bin liner
sacola de artigos de toalete	**toilet kit**	sponge bag
sacola de compras	**shopping bag**	carrier bag
sacola de plástico para compras	**plastic bag**	poly bag
sacola de viagem	**carry all**	holdall
sacolejar, vibrar violentamente	**to jutter**	to judder
sacrificar animal doméstico	**to put to sleep**	to put down
sagaz, esperto	**sagacious, shrewd**	long headed
saguão de entrada	**lobby**	foyer
saia de automóvel	**skirt**	apron
sala de cirurgia	**operating room/theater**	operating theatre
sala de controle (radiofonia)	**control room**	listening/control room
sala de leilão	**salesroom**	saleroom
sala de parto em hospital	**labor room**	confinement theatre
sala de pronto-socorro em hospital	**emergency room**	casualty ward
sala de revistas/jornais (biblioteca)	**periodical room**	news-room
salão de barbeiro	**barber shop**	barber's hairdresser
salão de beleza	**beauty shop**	beauty parlour/salon
salão de bilhar	**pool room, billiards parlor/ saloon**	billiard/pool room
salão de chá	**tearoom**	tearoom, teashop
salão de fumar	**smoking room**	smoke room
salário, aumento de	**pay raise**	pay rise
salário, aumento retroativo	**retroactive**	back dated
saldo negativo (cheque especial)	**bank loan**	overdraft
saleiro de mesa	**salt shaker**	caster, salt cellar
salgadinho (culinária)	**tidbit**	titbit
salgadio	**salt marsh**	saltings
salsicha de fígado	**liver sausage, liverwurst**	liver sausage
salsichão	**bologna**	polony, bologna

PORTUGUÊS	INGLÊS AMERICANO	INGLÊS BRITÂNICO
salto alto muito fino (sapato feminino)	**spike heels**	stiletto heels
salto de anjo (natação)	**swan dive**	swallow dive
salto em distância (esporte)	**broad jump**	long jump
sandália tipo havaiana	**thongs**	flip-flop
sanduíche hambúrguer	**hamburger**	hamburger, beefburger
sanefa	**valance**	valance, pelmet
sanitário feminino	**ladies room, women's rest room**	the ladies'
sanitário masculino	**men's room**	gents
são e salvo	**safe and sound**	home and dry
sapataria rápida	**while-U-wait shoe repair shop**	heel bar, mister minut
sapato aberto no calcanhar	**sling pump**	sling back court shoe
sapato aberto nos dedos	**open-toed shoe**	peep-toe
sapato de salto alto	**high heel**	court shoe
sapato de salto baixo	**low-heeled shoe, flat**	pump
sapato tipo mocassim	**casual**	loafer
secadora de roupa	**clothes dryer**	tumble drier
secretária telefônica	**telephone answering device**	Ansaphone
sedã (automóvel)	**sedan**	saloon
sede de município	**county seat**	county town
segundanista universitário	**sophomore**	second year university student
segurado	**insured**	assured
seguro contra terceiros	**liability insurance**	third party insurance
seguro de vida	**insurance**	assurance
sem fins lucrativos	**non profit**	non-profit-making
sem graça, feioso	**homely**	plain
semáforo	**stoplight**	traffic signal
semente pequena	**seed**	pip
semibreve (música)	**whole note**	semibreve
semicolcheia (música)	**sixteenth note**	semiquaver
semi-eixo (veículo)	**axle shaft**	half shaft
semi-fusa (música)	**sixty-fourth note**	hemidemisemiquaver
semínima (música)	**quarter note**	crotchet
semi-tom (música)	**half step**	semitone
sempre em frente	**straight ahead**	straight on
sentença final (divórcio)	**final decree**	decree absolute

PORTUGUÊS	INGLÊS AMERICANO	INGLÊS BRITÂNICO
sentido anti-horário	**anticlockwise, counterclockwise**	anticlockwise
sentido horário	**deasil, clockwise**	clockwise
separata	**offprint, separate**	offprint
série (escolar)	**grade**	form
serpentina (eletricidade)	**water back**	back boiler
serra circular	**circular/buzz saw**	circular saw
serra vertical	**gang mill**	vertical frame saw
serragem para embalagem	**excelsior**	wood wool
Serviço de Entrega Encomenda Postal	**Postal service, Package Delivery**	British Road Service
serviço de espionagem	**the company**	the firm
serviço de funilaria	**body work**	crash repair
serviço de jurado	**jury duty**	jury service
Serviço de Limpeza Pública	**Street Cleaning Service**	Cleaning Department
serviço militar obrigatório	**conscription**	national service
servir o chá (de acordo com tradição)	**to pour (the tea)**	to be mum
sessão de cinema, teatro	**show**	house
sessão para identificação de suspeitos (polícia)	**line-up**	identification parade
show aquático	**aquacade**	aquashow
sidra fermentada	**hard cider**	alcoholic cider
silencioso (veículo)	**muffler**	car exhaust/silencer
simplório	**simpleton, simple minded**	simpleton, gaby, mental
sinais de desvio rodoviário	**detour signs**	diversion notice, detour signs
sinais sincronizados (trânsito)	**syncronized traffic lights**	linked signals
sinal de cruzamento (ferrovia)	**crossbuck**	warning cross
sinal de linha (telefonia)	**dial tone**	dialing tone
sinal de ocupado (telefonia)	**busy signal**	engaged tone
sinal de seta (veículo)	**turn indicator/signal**	trafficator, flashers
sinal vermelho, furar (trânsito)	**to run a red light**	to jump a red light
sindicato	**labor union**	trade union
sindicato vertical	**industrial union**	vertical union
sistema de esgoto	**sewerage system**	drains
sistema de transporte	**transit system**	transport system
smoking (vestuário masculino)	**tuxedo, dinner jacket**	dinner jacket

PORTUGUÊS	INGLÊS AMERICANO	INGLÊS BRITÂNICO
sob medida (vestuário)	custom-taylored	bespoke
sobremesa	dessert	pudding, pud, dessert, afters
sobremesa de gelatina	Jello	jelly
socar	to tamp	to tamp/pun
sociedade de ações	joint-stock company	stock company
Sociedade de Socorros Mútuos	Benefit Society	Friendly Society
sócio comanditário	silent partner	sleeping partner
sofá-cama	davenport, hide-a-bed sofa	put-U-up
solário	sun porch/parlor	sun lounge
solenidade de formatura	graduation exercises	passing out parade
solitário	lonely, lonesome	lonely
som, aparelho de	stereo system	music centre
sonetar	to sonnetize	to sonnet
soqueira, soco inglês	brass knuckles	knuckle duster
sorvete	ice cream	ice, ice cream
sorvete picolé de frutas	sherbet	water-ice
spala	concert master	leader
spray para cabelo	hair spray	lacquer
sublocação	sublet, sublease	sublease
suéter	sweater	jumper
sujeira de moscas, coberto de	flyspecked	flyblown
sujeito (pessoa)	character, guy	blighter, bloke
supervisionar em exame	to proctor	to invigilate
supervisor em lojas	floor walker	shop walker
supervisora	forewoman, forelady	forewoman
surdo-mudo	deaf-and-dumb	deaf-mute
surrar	to whip	to whip/cane
suspender reunião, corte etc.	to adjourn	to adjourn/rise
suspensórios	suspenders	braces

T

tabacaria	cigar store, tobacconist	tobbaconist
tabuleta de escritório/ consultório	shingle	name plate
tachinha	thumbtack	drawing pin
tacômetro	tachometer	tachometre, rev counter
tagarelar	to chatter	to chatter/natter
talão de depósitos bancários	deposit book	paying-in book

PORTUGUÊS	INGLÊS AMERICANO	INGLÊS BRITÂNICO
talvez	maybe	perhaps
tamanho (vestuário, calçados)	size	size, fitting
"tampinha" (gordo e baixo)	dumpy	Humpty Dumpty
tapetinho	scatter/throw rug	scatter rug
taquígrafa	stenographer	shorthand typist
tarifa de impressos (correio)	third class mail	printed paper rates
tático móvel (polícia)	mobile command post	incident caravan
taxa de benfeitoria de propriedade	improvement assesment	betterment levy
taxa de inventário	death tax	death duty
teatro de periferia	off Broadway theater	fringe theatre
teatro de variedades	music hall, vaudeville	music hall, variety
teatro dramático de alto nível	classical drama	legitimate drama
tecido de algodão estampado	calico	cotton print
tecido estampado de bolinhas	dotted	spotted
tecidos	dry goods	drapery
tecidos de algodão	cotton textiles	Manchester goods
tecidos para cortinas	dry goods	drapery
técnico especializado	skilled mechanic	service engineer
telefonar	to call/phone	to ring up/phone through
telefone de coluna	upright telephone	candlestick telephone
telefone público	pay station, telephone booth	telephone/call box
telefone, não atender	no answer	no reply
telefonema a cobrar	collect call	reverse-charge call, transferred charge call
telefonema grátis	toll free number	free phone
telefonista	telephone operator	telephonist
telegrafista	telegrapher	telegraphist
teletipo	teletypewriter, teleprinter	teleprinter
televisão (pejorativo)	boob tube	box
televisão, aparelho de	TV	telly
telhado de mansarda	mansard/gambul roof	mansard roof
têmpera de cor (pintura)	colorwash	coloured distemper
tênis (calçado)	sneaker	trainer
tênis (esporte)	court tennis	real tennis
tênis leve (calçado)	sneakers, gym shoes	plimsolls, gym shoes

PORTUGUÊS	INGLÊS AMERICANO	INGLÊS BRITÂNICO
terapia de choque elétrico	**electrochock therapy**	electro convulsive therapy
terno de mulher (vestuário)	**pant suit**	trouser suit
terno de trabalho (vestuário)	**business suit**	lounge suit
terraço de aeroporto	**observation deck**	spectator's terrace
tesoura de desfiar cabelo	**thinning shears**	thinning scissors
tesoura de podar	**pruning shears**	secateurs
tesoura para metais	**tin shears**	snips
ticar	**to check**	to tick
tijolo de concreto e cinzas	**cinder block**	air-block
tijolo perfurado	**vent block**	air-brick
tílburi com assentos laterais	**carry-all**	estate car
timoneiro	**wheelsman, helsman**	helmsman
tinta nanquin	**India ink**	Indian ink
tinturaria a seco	**cleaners**	cleaner's
tiquetaque de relógio	**ticktock, ticktack**	ticktock
tirante (automóvel)	**tie bar**	track rod
tirar o chope	**to draw beer**	to pull pints
toalete (banheiro)	**bathroom, john, toilet**	toilet, lavatory, loo, W.C.
toalha de mão rolante	**towel roll**	roller towel
toalha de papel	**paper towel**	kitchen paper/roll
toalha higiênica adesiva	**adhesive sanitary napkin**	press-on towel
tobogã em espiral (lazer)	**carnival slide**	helter-skelter
toca-disco	**phonograph**	gramophone
tocaia (caça)	**blind**	hide, hunting screen
toco de cigarro	**cigarette butt**	fag end
toldo de edifício/loja	**awning**	sun blind
tomada de eletricidade	**outlet, socket, plug-in**	(power) point, socket
tomar chá	**to drink/take tea**	to take tea
tontura	**dizzy spell**	giddy fit
toque de recolher	**taps**	last post, taps
torcer por	**to root/pull for/cheer**	to cheer
torneira	**faucet, spigot, tap**	tap
torresmo em tiras	**pork rinds**	scratchings
tostão furado (figurado)	**red cent**	farthing
trabalhador de colarinho branco	**white collar worker**	black-coat work
trabalho temporário	**occasional/temporary work**	casual work
tradução à primeira vista	**unseen/sight translation**	unseen

PORTUGUÊS	INGLÊS AMERICANO	INGLÊS BRITÂNICO
tráfego de caminhões só para entrega	no through trucks	except for access
trailer	house trailer	caravan
trajeto de entregador	route	round
trança	braids	plaits
trançar	to braid	to plait
tranqüilizante (remédio)	tranquilizer	anti-nuissance pill, tranquilizer
transmissão mecânica	leverage	gearing
transporte (contabilidade)	carry forward amount	amount carried forward
transporte, companhia de	express/trucking company	carrier, haulage contractor
trapaça	hanky-panky	jiggery-pokery, hanky-panky
trapacear	to swindle	to fiddle/swindle
trapézio com dois lados paralelos	trapezoid	trapezium
trapézio irregular (sem lados paralelos)	trapezium	trapezoid
traquinas, criança	little devil	limb
travar roda de veículo com jacaré (trânsito)	to boot	to clamp
travessa (rua)	cross street	turning
travessa de servir (culinária)	serving dish	dish
travessuras	monkeyshines	monkey tricks
treino sem munição (militar)	dry run	dummy run
trem de aterrissagem (aviação)	undercarriage	undercart
trem de carga	freight train	goods train
trem leiteiro	local	stopping train
tremor	shiver	frisson, shiver
trenó	sled	sledge
trens (pertences)	gear	traps
trepadeira	vine	twining plant, creeper
trepa-trepa, gaiola (parquinho infantil)	monkey bars, jungle gym	climbing frames
trevo rodoviário	overpass, overleaf	flyover
treze (dúzia de)	baker's/long dozen	baker's dozen
triângulo retângulo	right triangle	right-angled triangle
trilha	beaten path	trackway
trilha de obstáculos (esporte)	obstacle course	assault course
trilho de cortina	curtain rod	curtain rail
trilho elétrico (ferrovia)	third rail, liverail	conductor rail

PORTUGUÊS	INGLÊS AMERICANO	INGLÊS BRITÂNICO
trilhos (ferrovia)	**rails**	metals
trilhos móveis auxiliares (ferrovia)	**switches**	points
triz, por um	**a narrow escape**	a near thing
tubo de chaminé	**chimneypot**	chimneypot, pot
turbulento	**rambunctious**	rumbustious
turno vespertino (trabalho)	**swing shift**	evening workshift
tussor (tecido)	**tussah**	tussore

U

PORTUGUÊS	INGLÊS AMERICANO	INGLÊS BRITÂNICO
uísque	**Scotch**	whisky
última rodada! (chamada antes de o bar fechar)	**last orders**	last call
ultrapassar veículo	**to pass**	to overtake/pass
uniforme de ginástica	**gym suit**	gym slip
Ursa Maior (astronomia)	**Great Bear, Big Dipper**	Great Bear, Charles's Wain, Plough
Ursa Menor (astronomia)	**Ursa Minor, Little Bear, Little Dipper**	Ursa Minor, Little Bear
utensílios de cerâmica	**earthenware**	crockery

V

PORTUGUÊS	INGLÊS AMERICANO	INGLÊS BRITÂNICO
vaga de estacionamento	**parking space**	parking bay
vagabundo	**hobo, tramp, bum**	layabout, tramp
vaga-lume	**lightning bug, firefly**	firefly
vagão (ferrovia)	**car**	carriage, waggon
vagão bufê (ferrovia)	**lounge/club car**	buffet car
vagão de bagagem (ferrovia)	**baggage car**	luggage van
vagão de carga (ferrovia)	**box/freight car**	goods waggon
vagão de carga aberto (ferrovia)	**gondola car**	truck
vagão para animais (ferrovia)	**stock car**	cattle truck
vagão para carvão/minério	**truck**	bogie
vagem de feijão	**green bean**	French bean
vale postal	**money (transfer) order**	postal order
valência (química)	**valency**	valence

PORTUGUÊS	INGLÊS AMERICANO	INGLÊS BRITÂNICO
vale-presente (comércio)	gift certificate	gift token/voucher
vale-refeição	lunch coupon, meal ticket	luncheon voucher
valete (baralho)	jack	knave
válvula eletrônica	vacuum/electron tube	valve
válvula eletrônica pequena	acorn tube	acorn valve
vaporizador de jardim	spray gun	garden syringe
vaqueiro	cowboy, wrangler, herder	herder, cowboy
Vara da Família (Justiça)	Family Court, Domestic Relations Court	Family Division, Marriage Guidance Bureau
vara de medição (agrimensura)	staff, rod	staff
vara de vergastar	whip	cane, whip
varal de roupa	clothes line	washing/clothes line
varal de roupas portátil/ dobrável	folding drying rack	extending airer
varanda	porch	veranda
vareta de prender tapete em escada	carpet rod	stair rod
veículo com tração nas 4 rodas	granny gear	four wheel drive
vela de ignição	spark plug	sparking plug
veleiro	sailboat	sailing boat
velório	wake	wake, lyke-wake
venda em bazar de artigos usados	rummage sale	jumble sale
vendedor ambulante	door-to-door salesman	door-knocker salesman
vendedor de cavalos	dealer in horses	horse coper
vendedor de jornais	news dealer	news vendor
veranista	vacationer	holiday-maker
verbatim	letter perfect	word perfect
verdureiro ambulante	huckster	hawker, costermonger
veronal	barbital	barbitone
vertigem	dizzy spell	giddy fit
vestes talares	cap and gown	academicals
vestido *chemisier*	shirt waist	shirt waister
vestimenta para atividade especial	outfit	kit
veterano das Forças Armadas	veteran	ex-service man
veterinário	veterinarian	veterinary surgeon

PORTUGUÊS	INGLÊS AMERICANO	INGLÊS BRITÂNICO
via pavimentada	paved road	paved/metalled road, tarred road
via única (ferrovia)	one lane/way	single-track
viajar de carro	to drive	to motor
vibrafone	vibraharp	vibraphone
vidraceiro	glazier	glazier, glassman
vidraria	glassworks, glasshouse	glassworks
vidro de relógio	crystal	watch glass, glass
vigarista	swindler, con man	swindler, confidence trickster
vilão (literatura)	bad guy	baddie, baddy
vinhedo	vineyard	vineyard, vine
vinte e um (jogo de baralho)	twenty one, blackjack	pontoon, blackjack
violentar sexualmente	to sexual assault	to interfere with
visão normal	normal or 20-20 vision	six over six
visita de campanha política	campaign stroll	walkabout
visita rápida, dar uma chegada	to drop by	to look in
vitrines, olhar	to window shop	to shop gaze
vitrola	phonograph	record player, gramophone
volante de veículo	steering wheel	driving wheel
vomitar	to vomit/upchuck/barf	to vomit
voto não vinculado	independent vote	free/floating vote
voto por correspondência	absentee ballot	postal vote

X

PORTUGUÊS	INGLÊS AMERICANO	INGLÊS BRITÂNICO
xarope de milho	corn syrup	golden syrup
xereta	busybody, rubberneck	busybody, rubberneck, nos(e)y parker
xícara de medida	measuring cups	measuring jug
xixi, fazer	to pee	to pee/wee/wee-wee

Z

PORTUGUÊS	INGLÊS AMERICANO	INGLÊS BRITÂNICO
Z (a letra)	Zee	zed
zarabatana	blowgun	blowpipe, blowtube
zarolho	cross eyed	cross eyed, boss-eyed
zelador de prédio	janitor	caretaker
zíper (fecho éclair)	zipper	zip (fastener)

PALAVRAS IDÊNTICAS COM SIGNIFICADOS DIFERENTES

PALAVRA	SIGNIFICADO EM INGLÊS AMERICANO	SIGNIFICADO EM INGLÊS BRITÂNICO

A

allowance	dedução de imposto de renda	mesada de criança
angels on horse back	ameixa seca envolta em bacon	ostras temperadas envoltas em bacon sobre torradas

B

backwoodsman	jeca, caipira	par do Reino que raramente comparece à Casa dos Lordes
baggage	bagagem, malas	mulher de má reputação
bailliff	oficial que toma conta do prisioneiro e da ordem na corte de justiça	caseiro que cuida de fazenda ou terras de outrem
ballplayer	jogador de beisebol	jogador de futebol
bath/bathe, to	em inglês americano, usa-se *to bathe* com dois sentidos: 1) tomar ou dar banho; 2) desinfetar/limpar uma ferida	em inglês britânico, *to bath* é tomar ou dar banho; *to bathe* é: 1) limpar/desinfetar uma ferida; 2) nadar
bathroom	banheiro "completo" (com chuveiro, banheira, vaso sanitário etc.)	banheiro (sala de banho, apenas)
blah	insípido, sem graça, sem cor, sem gosto	conversa mole, fala sem conteúdo
blind	tocaia, esconderijo	persiana de janela; dirigir veículo muito depressa
block	quarteirão	edifício de apartamentos, escritórios
blue book	relação de pessoas importantes; caderno para testes/exames escolares	relatório oficial do governo
bobble	segurar ou deixar cair desajeitadamente	pompom de lã usado em toucas, gorros
bomb	uma "bomba" (fracasso)	um "estouro" (sucesso, dinheiro)
boot	manchão (veículo), colocar trava jacaré em roda de veículo ilegalmente estacionado	recruta da marinha
bounce	demissão de emprego; fora de namorado	convencimento, arrogância; forçar alguém a acreditar em ou a fazer alguma coisa

PALAVRA	SIGNIFICADO EM INGLÊS AMERICANO	SIGNIFICADO EM INGLÊS BRITÂNICO
branch	riacho	filial de sindicato
break	pausa em atividades, rata, gafe	intervalo entre aulas, recreio
buffer	polidor de unhas	velho, antiquado, bobalhão, bonachão
bug	inseto	percevejo
buggy	carrinho de bebê	cadeirinha de bebê com quatro rodas e dobrável
bum	andarilho, vagabundo	bumbum (vulgar)
bureau	cômoda (móvel)	escrivaninha com tampo de enrolar

C

cabbage	pessoa que perdeu todas as capacidades devido a doença	pessoa que não se interessa por nada; retalhos não devolvidos pelo alfaiate (arcaico)
cable	720 pés (medida náutica)	608 pés (medida náutica)
caboose	carro lanterninha (ferrovia)	cozinha de navio, avião, barco, trem
calico	tecido de algodão ordinário estampado, chita	tecido de algodão branco
cane	bengala	vara para vergastar, chibata, açoite
canvass	averiguar contagem de votos	fazer uma proposta a ser estudada
case	amor, "paixonite"	conjunto, jogo (de ferramentas, louça etc.)
casket	caixão mortuário	caixinha
child care	creche	providências do governo para cuidar de criança na ausência dos pais
chinch	percevejo	inseto
chippy	mulher promíscua	lanchonete que serve peixe com batatas fritas; serviço de amparo a crianças abandonadas
cider	suco de maçã não fermentado	suco de maçã fermentado
city desk	editoria de notícias locais (jornal)	editoria de notícias financeiras e comerciais (jornal)
clerk	balconista, funcionário de loja	funcionário sênior da Casa dos Comuns
closet	armário embutido	vaso sanitário
cop	guarda, policial, tira	pegar alguém em flagrante
copybook	livro de ou para documentos	correto, perfeitamente adequado
corn	milho	grão, cereal

PALAVRA	SIGNIFICADO EM INGLÊS AMERICANO	SIGNIFICADO EM INGLÊS BRITÂNICO
corned beef	carne salgada	carne prensada enlatada
cot	cama de armar, catre	berço
creek	riacho	braço de mar
crib	berço	creche, presépio

D/E

dark horse	político que compete com alguém de quem pouco se sabe	pessoa reservada, fechada em si mesma
davenport	sofá-cama	escrivaninha que pode ser fechada na parte de cima
decillion	algarismo seguido de 33 zeros = 10^{33}	algarismo seguido de 60 zeros = 10^{60}
dessert	sobremesa (doces, frutas, pudins, tortas, bolos etc.)	sobremesa (frutas e nozes)
dick	detetive particular (gíria)	sujeito, cara, pessoa
dinky	pequeno, insignificante	pequeno e delicado
dock	plataforma de desembarque de caminhões e trens	doca
doctor	dentista, veterinário	castrar animal doméstico
dresser	cômoda com espelho	móvel com prateleiras abertas na parte superior para louça
drone	pessoa sem graça, sem charme, num trabalho enfadonho	pessoa que vive às custas de outra, parasita
drop-head	de embutir (máquina de costura, de escrever)	conversível (automóvel)
dry-goods	roupas, tecidos, cortinas	secos alimentícios, tais como café, chá, cigarros, frutas
ducky	perfeito, satisfatório, engraçadinho, atraente	benzinho
duster	guarda-pó (avental)	pano de pó
express	firma especializada em remessas expressas	enviar por via expressa

F

feeder	animal de ceva	babador, mamadeira
fellow	cara, sujeito, pessoa	docente de faculdade exercendo atividade administrativa

PALAVRA	SIGNIFICADO EM INGLÊS AMERICANO	SIGNIFICADO EM INGLÊS BRITÂNICO
finishing school	escola de baixo nível, especialmente para mulheres; escola de etiqueta social	escola de etiqueta social
first floor	andar térreo	primeiro andar
flapjack	panqueca (culinária)	pó-de-arroz compacto (cosmético)
fleabag	hotel pulgueiro	pessoa desleixada, suja, desagradável
flip-flop	mudança de opinião, de idéia	sandália tipo *havaiana*
float	*milk-shake* com sorvete	prancha/tábua de natação
fly	braguilha	esperto, sabido, vivo (também braguilha, no plural, *flies*)
foot	fundo de um lugar	infantaria
forward	mandar para outro endereço (correio)	despachar mercadoria
fraternity	associação secreta de universitários do sexo masculino	ordem religiosa
funk	cheiro forte e desagradável, como o de charuto, por exemplo	estado de nervosismo, medo ou depressão

G

gaffer	eletricista de teatro	chefe
gate	portão de plataforma ferroviária	punir aluno retendo-o na escola
grammar school	escola de ensino elementar	escola de ensino secundário, para crianças a partir de 11 anos, com ênfase em latim e grego
granny gear	veículo com tração nas quatro rodas	marcha reduzida em bicicleta
green card	permissão para trabalhar legalmente no país	seguro de veículo contra acidentes no exterior

H/I

hack	táxi	andar a cavalo
hamper	cesto de roupa suja	cesto com tampa para piquenique
hard left	curva pronunciada à esquerda (trânsito)	pessoa de extrema esquerda (política)

PALAVRA	SIGNIFICADO EM INGLÊS AMERICANO	SIGNIFICADO EM INGLÊS BRITÂNICO
hard tight	curva pronunciada à direita (trânsito)	pessoa de extrema direita (política)
homely	feiosa, sem graça (moça)	jovem quieta que gosta de vida doméstica, comum, despretensiosa
hustler	prostituto, velhaco	pessoa que tenta convencer os outros a fazer algo
ice	cobrir bolo com glacê (culinária)	sorvete

J/K

jelly	geléia	sobremesa de gelatina
jumper	jardineira (vestuário)	pulôver
knock up, to	engravidar moça solteira (sem compromisso)	acordar alguém batendo na porta, exaurir, cansar, improvisar, juntar

L

lay on	postergar, adiar	instalar gás, eletricidade, água
level	instrumento para testar nível	empatado (jogo)
life preserver	bóia/colete salva-vidas	cassetete
lint	lanugem, felpa	gaze cirúrgica
local	trem, ônibus que pára regularmente em certos pontos	filial de sindicato, *pub* do bairro, *pub* perto de casa
lumber	madeira de serraria; cortar árvores para obter madeira	trastes, móveis velhos; dificultar a vida de alguém com algum tipo de responsabilidade

M/N

match	decidir por cara ou coroa	partida de jogo
mate	imediato (marinha)	amigo, companheiro, colega, camarada
matron	mulher responsável por mulheres e crianças em prisão/delegacia	enfermeira chefe de hospital
muffin	bolinho, em geral com frutas secas ou chocolate	pãozinho redondo e achatado, servido quente com manteiga
mugger	careteiro (que faz caretas)	assaltante de rua
nervy	atrevido, desrespeitoso	nervoso, ansioso

PALAVRA	SIGNIFICADO EM INGLÊS AMERICANO	SIGNIFICADO EM INGLÊS BRITÂNICO

P/Q

PALAVRA	SIGNIFICADO EM INGLÊS AMERICANO	SIGNIFICADO EM INGLÊS BRITÂNICO
pants	calças	cuecas, calcinhas
pavement	via pavimentada	calçada
pavilion/pavillion	em inglês americano usa-se *pavilion*, com o sentido de pavilhão de complexo hospitalar, de entretenimento, esportes	em inglês britânico usa-se *pavillion*, com o sentido de pavilhão para jogos e vestiário em praça esportiva
pot	bolão de apostas, caixinha como fundo de reserva	cabeça de chaminé
precinct	distrito, zona eleitoral, distrito, área policial	zona/região da cidade para determinado fim (*shopping precint*)
proctor	inspetor de alunos durante exames	funcionário responsável pela manutenção das regras universitárias em Oxford e Cambridge
prom	baile de formatura de escola secundária	concertos Promenade (*the Proms*)
public school	escola pública, do governo	escola particular
pudding	pudim (doce)	sobremesa, pudim (doce ou salgado)
quadrillion	número seguido de 15 zeros (10^{15})	número seguido de 24 zeros (10^{24})

R

PALAVRA	SIGNIFICADO EM INGLÊS AMERICANO	SIGNIFICADO EM INGLÊS BRITÂNICO
redcap	carregador (aeroporto, estação)	policial militar
resident	médico residente	representante do governo britânico num protetorado; hóspede de hotel
road/railroad	estrada de ferro	rua, estrada
robin	grande pássaro de peito vermelho, primeiro sinal de primavera, tordo (*turdus migratorius*)	pequeno pássaro de peito vermelho, símbolo do Natal (*erithacus rubecula*)
roundsman	guarda de ronda, sargento	entregador, inspetor
rubber	impermeável, capa, galocha, tecido emborrachado	borracha de apagar
rum	*rummy* (jogo de carteado)	esquisito, estranho

S

PALAVRA	SIGNIFICADO EM INGLÊS AMERICANO	SIGNIFICADO EM INGLÊS BRITÂNICO
saloon	bar de baixa categoria; bar elegante em hotel	sala de estar, *living room*
sheriff	delegado de polícia; encarregado de manter a ordem pública	principal autoridade executiva de um condado com obrigações cerimoniais
skip	falhar (motor), abandonar, sair de uma cidade	caçamba
slate	lista de candidatos para nomeação ou eleição; selecionar, destinar	criticar severamente, atacar verbalmente; relação de artigos em débito adquiridos no comércio
sleeper	livro, peça, disco que atingiu sucesso inesperado	anel para manter aberto orifício de brinco em orelha
slop	desagradavelmente efusivo; alimentar porcos	água suja ou urina
sloppy Joe	carne moída e pimentão em pão	suéter grosso, longo e folgado
slot machine	caça-níqueis	máquina vendedora
smart	inteligente, esperto, de pensamento rápido	elegante, de aparência impecável; rápido e forte (uma pancada)
song and dance	explicação complicada, enganosa, desorientadora	chilique, demonstração ridícula e desnecessária de raiva, nervosismo
south paw	pessoa canhota, jogador de beisebol que é canhoto	boxeador canhoto
spotty	com partes diferentes, especialmente de qualidade	manchado, com manchas
squash	abóbora	refresco/suco de frutas
store	loja	memória (computação)
straight	de preço fixo, sem desconto, bebida pura, não diluída	reta em pista de corrida
subway	metrô	passagem subterrânea para pedestres

T

PALAVRA	SIGNIFICADO EM INGLÊS AMERICANO	SIGNIFICADO EM INGLÊS BRITÂNICO
timber	arvoredo, bosque para madeira	madeira cortada/para construção
tramp	mulher de moral duvidosa, promíscua	andarilho
transfer	mudar de ônibus; bilhete que permite mudar de ônibus, trem	decalque, decalcomania

PALAVRA	SIGNIFICADO EM INGLÊS AMERICANO	SIGNIFICADO EM INGLÊS BRITÂNICO
through (telefonia)	ligação terminada	ligação completada
trooper	polícia estadual, polícia montada	navio transporte de tropas
truck	transportar de caminhão; dirigir caminhão	pagar em espécie; vagão aberto de carga (ferrovia)
trucker	chacareiro	caminhoneiro
tube	válvula eletrônica	metrô
twister	tornado, furacão	vigarista, escroque
twit	estado de excitação, nervosismo	pessoa enfadonha, tola

V

vest	colete	camiseta sem mangas
veteran	ex-combatente das forças armadas	soldado velho; carro velho feito antes de 1950

W

walking stick	inseto sem asas	bengala
wash up	lavar o rosto e as mãos	lavar a louça

REFERÊNCIAS BIBLIOGRÁFICAS

Além do material coletado nas fontes citadas no "Prefácio", as seguintes obras serviram de referência ou apoio:

Dicionários

Dicionário Ilustrado Inglês/Português Oxford-Duden. Rio de Janeiro, Guanabara-Koogan, 1992.

Ehrlich, Eugene *et alii. Oxford American Dictionary.* Oxford, Oxford University Press, 1980.

Greenbaum, Sidney, Whitcut, Janet & Quirk, Randolph. *Longman Guide to English Usage.* Essex, Longman, 1988.

Hanks, Patrick (ed.). *Collins English Dictionary.* London/Glasgow, HarperCollins, 1979.

Hornby, A. S. *Oxford Advanced Dictionary of Current English.* Oxford, Oxford University Press, 1974.

Houaiss, Antônio. *Dicionário Inglês/Português.* Rio de Janeiro, Record, 1982.

Longman Dictionary of English Language and Culture. Essex, Longman, 1992.

Moss, Norman. *The British/American Dictionary.* London, Hutchinson, 1984.

Procter, Paul (ed.). *Cambridge International Dictionary of English.* Cambridge, Cambridge University Press, 1995.

Webster's College Dictionary. New York, Random House, 1991.

Webster's New Collegiate Dictionary. Springfield, Massachussets, G. & C. Merrian Company, 1977.

Livros

Bryson, Bill. *Made in America.* New York, William Morrow and Company Inc., 1994.

________. *The Mother Tongue.* New York, William Morrow and Company Inc., 1990.

________. *Notes from a Small Island.* New York, William Morrow and Company Inc., 1996.

Dillard, J. L. *All American English.* New York, Vintage Books, Random House, 1976.

Flexner, Stuart Berg & Soukhanov, Anne H. *Speeking Freely.* New York, Oxford University Press, 1997.

Marckwardt, Albert H. *American English.* New York, Oxford University Press, 1958.

________. & Quirk, Randolph. *A Common Language.* Washington D.C., United States Information Agency, English Teaching Division, Information Center Service, 1965.

McCrum, Robert *et alii. The Story of English.* New York, Elizabeth Sifton Books, 1986.

Mencken, Henry L. *The American Language: an Inquiry into the Development of English in the United States, 4th ed. [with Supplements I and II].* New York, Alfred A. Knopf, Inc., 1936-48.

Potter, Simeon. *Our Language.* Great Britain, Penguin Books, 1966.

Strevens, Peter. *British and American English.* London, Cassell, 1978.

The Economist Style Guide. London, Profile Books, Ltd, 1996.

Este livro foi composto nas fontes TheMix, TheSans e TheSerif
e impresso em dezembro de 2003 pela OESP Gráfica S/A,
sobre papel offset 80g/m².